¿CÓMO ORDENO MI VIDA?

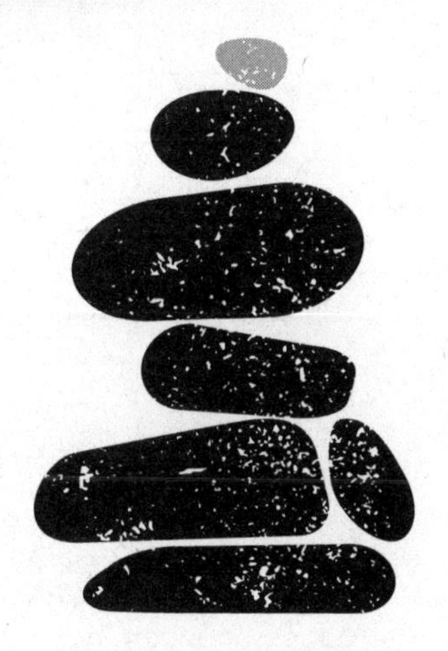

¿CÓMO ORDENO MI VIDA?

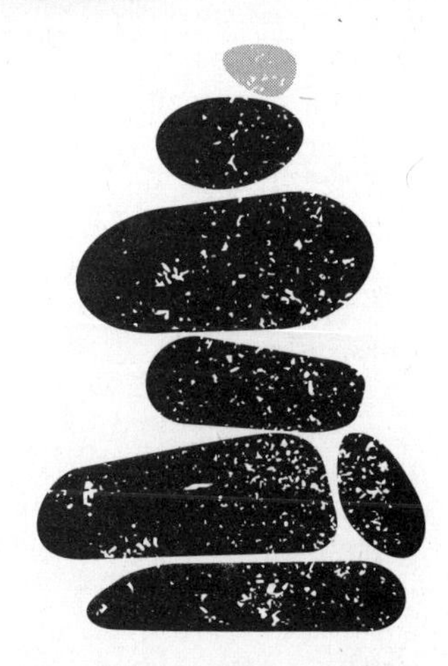

ESPAÑOL
NASHVILLE, TN

JEANINE MARTÍNEZ

¿Cómo ordeno mi vida?

B&H Publishing Group
Nashville, TN 37234

Diseño de portada e ilustración: Matt Lehman

Director editorial: Giancarlo Montemayor
Coordinadora de proyectos: Cristina O'Shee

Clasificación Decimal Dewey: 248.84
Clasifíquese: VIDA CRISTIANA/AUTOPERCEPCIÓN/AUTO-RREALIZACIÓN

ISBN: 978-1-0877-4260-1

Impreso en EE. UU.
1 2 3 4 5 * 24 23 22 21

CONTENIDO

Prefacio a la serie

Leer no tiene que ser difícil, ni mucho menos aburrido. El libro que tienes en tus manos pertenece a una serie de *Lectura fácil*, la cual tiene el propósito de presentar títulos cortos, sencillos, pero con aplicación profunda al corazón. La serie *Lectura fácil* te introduce temas a los que todo ser humano se enfrenta en la vida: gozo, pérdidas, fe, ansiedad, dolor, oración y muchos más.

Este libro lo puedes leer en unas cuantas horas, entre descansos en tu trabajo, mientras el bebé toma su siesta vespertina o en la sala de espera. Este libro te abre las puertas al mundo infinito de la literatura, y mayor aún, a temas de los cuales Dios ha escrito ya en Su infinita sabiduría. Los autores de estos libros te apuntarán hacia la fuente de toda sabiduría: la Palabra de Dios.

Mi oración es que este pequeño libro haga un gran cambio en tu vida y que puedas regalarlo a otros que van por tu misma senda.

Gracia y paz,

Giancarlo Montemayor
Director editorial, Broadman & Holman

Introducción

—•—

¿Cómo ordeno mi vida? (autocuidado):

La era de la COVID-19 reveló nuestras deficiencias en el tema del autocuidado. ¡Bendita pandemia! ¿Cómo vivo cuando el mundo parece estar en caos y siento que mi mundo está fuera de control? El sentido de desorden y confusión, las interrupciones a nuestras rutinas establecidas, rutinas aun no intencionales, han desenmascarado mucho de nosotros y de las áreas que reclaman nuestra atención. Entonces, ¿cómo ordenar y establecer prioridades en nuestra existencia (o corregir la falta de orden) de manera que disfrutemos de una vida abundante, no libre de problemas, pero con orden? Necesitamos una perspectiva **bíblica, balanceada y práctica.**

—•—

Por un lado, nuestra generación ha sido atraída y atrapada por la proliferación de comunicadores motivacionales y, por otro lado, expone el abuso espiritual, emocional y financiero de la Iglesia y un descuido de sus miembros en múltiples áreas de la vida. La iglesia latinoamericana no necesariamente ha manejado ni ha tratado de alguna manera en su contexto el tema del autocuidado. Antes bien, por naturaleza se ha enfocado en tratar aspectos por separado, no en la persona integral, y ha tendido así al desorden del individuo, la familia y la sociedad. Una perspectiva adecuada del cuidado integral del ser humano se refleja en sujetos más saludables y esto, a su vez, en la familia, las relaciones laborales, la iglesia y la sociedad.

Es de suma importancia poder responder, a la luz de la Palabra, las siguientes preguntas:

- ¿Qué enseña Dios sobre el autocuidado?
- ¿Por qué y cómo puedo cuidarme y ordenar mi vida de manera integral? ¿No es esto ser egoísta?
- ¿Es pecado enfatizar el cuidado del cuerpo?
- ¿Cómo lo hago de forma bíblica?

En la Escritura vemos claramente que el ser humano está llamado a amar a Dios con toda su mente, su alma, sus fuerzas y su corazón (dos de estas implican la parte física). No somos espíritus flotantes. Dios nos ha dado un cuerpo. Cuando Él vino a la tierra lo hizo en un cuerpo; cuando ascendió al cielo estaba en Su cuerpo. Finalmente, cuando fue necesario crucificar ese cuerpo, de igual forma lo hizo. Él no lo amó más allá de su propósito pasajero en este mundo.

Necesitamos una base bíblica y práctica que nos lleve a un lugar saludable que inicia en el autocuidado.

Esto nos habilitará para cuidar mejor de otros (familia, cuerpo de Cristo, al hacer nuevos discípulos), e incluye al ser humano integral: cuerpo, emociones/espíritu, relaciones, etc.

En este libro busco iniciar la conversación, llevarnos a la meditación, la evaluación y otorgar ayudas y principios prácticos, no para vivir de manera perfecta, pero sí con una existencia orientada al orden en nuestra mente, cuerpo, emociones, relaciones y responsabilidades.

Quiero resaltar consejos sumamente prácticos que la Palabra de Dios y la gracia común nos proveen a través de las ciencias de la salud. Trataré de contestar las siguientes preguntas: ¿qué hacer si tengo problemas para dormir? ¿Cómo me afecta física y emocionalmente el déficit de vitaminas? ¿Cómo influye mi cuerpo en mis emociones y viceversa?, entre otras.

No pretendo que este libro sea una solución instantánea para ordenar tu vida. Realmente busco responder a «cómo» hacerlo de manera bíblica y práctica, proveyendo herramientas y entendiendo que cada vida es diferente, creada de un modo único por Dios en Su multiforme gracia. Cada cuerpo y cada ser interior funciona, piensa, se comunica, valora y prioriza los asuntos humanos de manera distinta. Esto no es algo que tengamos que corregir, pero que sí necesitamos entender. El presente libro está escrito en un lenguaje sencillo. Espero que sea útil para iniciar a aquellos que reconocen que necesitan recuperar el orden en ciertas áreas de su vida, no solo en el camino de la recuperación, sino también del florecimiento.

CAPÍTULO 1

¿Por qué ordenar mi vida?

Toda mi vida he luchado con el orden. Tengo personalidad tipo A y soy perfeccionista. Puedo cumplir diversas tareas e invertir innumerables horas en lectura y concentración. Como ingeniera, fui entrenada para pensar y funcionar con base en planes, estructuras, diseños y productos terminados. Durante más de diez años de ejercicio profesional, tuve éxito y un futuro prometedor. Sin embargo, había áreas en mi vida que desde niña estaban fuera de orden. Sacrificaba múltiples aspectos personales como el orden en mi habitación o mi descanso, pues solo dormía cuatro horas. Eso me convirtió en una maestra en logros y «productividad», pero a un costo personal sumamente alto, y en realidad innecesario. El estrés al cual me sometía y los estándares que me autoimponía me llevaron en dos ocasiones al desgaste. Recuerdo el día que me desmayé tres veces. Similar a cuando la computadora se detiene y se apaga de manera automática. Sentí que mi cuerpo entró en guerra contra mí.

Años después, mi trabajo había cambiado; ahora servía como misionera a tiempo completo. Como antes, gozaba de «éxito» ministerial, pero nuevamente con malos hábitos y patrones que me causaron 27 kilos (60 libras) de sobrepeso y meses sin dormir más que una hora consecutiva cada noche. Me di cuenta de que estaba a punto de colapsar cuando las personas con quienes amaba compartir el evangelio solo me provocaban irritabilidad, carga y nerviosismo. El Espíritu Santo llamó mi atención, me hizo comprender que el problema era yo y que necesitaba atender con diligencia mi cuidado personal y, que era necesario prestar atención y corregir áreas y hábitos de mi vida que nadie más podría hacerlo por mí. De manera simultánea tuve que desaprender enseñanzas que recibí en la iglesia y que sonaban espirituales, pero que solo me llevaban a la autodestrucción. Yo estaba en el centro y como heroína de la historia. Cristo había perdido la centralidad en mi misión y pensaba que el mundo dependía de mí.

Este libro es una versión resumida de años de investigación y lectura, de aprendizaje sobre nutrición, cuidado personal, orden y abundante Biblia. No soy médico y muchos de estos principios son de conocimiento común. Sin embargo, a medida que conozco más personas con las que trato este tema, me doy cuenta de la falta de conciencia que hay al respecto. Hoy se desarrolla una generación de jóvenes profesionales que no saben manejar un presupuesto personal, elaborarse una comida balanceada ni, simplemente, lavar su ropa y ordenar su espacio. Estas son habilidades de vida, necesarias para el cuidado personal y el de otros.

La Organización Mundial de la Salud (OMS) define el autocuidado como: «La habilidad de individuos, familias y comunidades de promover salud, prevenir enfermedades, mantener buena salud y lidiar con las enfermedades y la discapacidad con o sin el soporte de un proveedor de servicios de salud».[1]

Autoliderazgo

Una persona incapaz de liderarse a sí misma no es apta para liderar bien a otros. Sí, puede hacerlo por su carisma, pero con este podría llevar a quienes lo siguen a caer juntos en el mismo precipicio. La vida cristiana no solo implica lo que puedes hacer o lograr, a Dios le interesa y tiene una opinión de cómo lo haces y el proceso que te lleva a esos resultados. Si no lo haces a la manera de Dios, ¿para quién trabajas?

El ser humano es integral, lo cual significa que las partes que lo conforman interactúan y se afectan mutuamente. Mi mente no puede ser tratada ni ordenada por separado de mis emociones ni de mi cuerpo. Es imposible. No somos espíritus flotantes. Tenemos un aspecto inmaterial y uno físico. Los pensamientos son inmateriales, pero pueden reflejarse en las áreas de nuestro cerebro que se activan durante una imagen por resonancia magnética funcional (IRMf). La Biblia, en innumerables ocasiones alude a los «pensamientos del corazón» o «dicen en su corazón». En la Escritura, el corazón siempre representa mucho más que el centro de emociones de la persona. En

1. World Health Organization. «*Self-care interventions for health*» [Intervenciones en el cuidado personal para la salud]. (s.f.). Recuperado de https://www.who.int/health-topics/self-care#tab=tab_1

la mayoría de sus menciones representa la realidad misma del individuo.

Si eres cristiano y tienes este libro en tus manos ¡ten tu Biblia cerca! Tal vez conoces poco o mucho de la Escritura, pero ella es la Palabra de Dios. Aunque contiene instrucciones, ese no es su propósito central, la Biblia es la revelación de Dios al ser humano. Ahí conocerás verdaderamente cómo es Él. No a través de los ojos de otras personas, sino del mismo Señor presentándose a la humanidad. La Palabra de Dios es una historia real, compuesta por personas con fallas, como nosotros, con quienes Dios se relaciona. La Escritura revela quién es Dios y Su voluntad para la vida de cada ser humano a lo largo de la historia, incluida la tuya. Por último, la Biblia, por su autoridad, no es un libro de sugerencias. Dios espera que al encontrar Su voluntad en Su Palabra, corramos a obedecerla y someternos a ella, aun en cosas que no queremos. A pesar de ello, te aseguro que en la verdad de la Escritura encontrarás libertad.

Las bases del autocuidado y premisas importantes:

En 1 Timoteo 4:16 (NBLA), después de darle exhortaciones prácticas a Timoteo, el apóstol Pablo resume su instrucción: «Ten cuidado de ti mismo y de la enseñanza. Persevera en estas cosas, porque haciéndolo asegurarás la salvación tanto para ti mismo como para los que te escuchan». Observemos tres ideas principales: el cuidado de sí mismo, el cuidado de lo que cree y la perseverancia necesaria en ambos aspectos. Puede ser que al leer este libro seas consciente de áreas de tu vida que necesitan orden. Sin embargo, si no llevas a la práctica los principios ni perseveras en ellos, es como tener medicina en el botiquín y quejarnos de que no nos hace efecto. Es preciso un cambio de actitud para ordenar nuestra vida. Necesitamos práctica y perseverancia. Esto lo veremos más en detalle en el capítulo dedicado a los hábitos.

Según un reporte del Instituto Global del Bienestar (Global Wellness Institute) y de la Organización Mundial de la Salud (OMS), la industria del bienestar está valorada en 4,8 trillones de dólares.[2] Se ha convertido en un gran negocio con un alto costo para quienes enfatizan de más dicho ámbito. Este no es un libro que apoya el principio popular de «haz lo tuyo» o «tú solo preocúpate por ti» tan promocionado por toda la industria de la buena salud y el bienestar. De hecho, creo que es un principio contrario a la Escritura, aunque no haya mala intención. Muchas de las enseñanzas que escuchamos sobre el autocuidado nacen de una reacción a descuidos o abusos pasados. Entiendo, he estado ahí. No obstante, vivir y pensar basados en un péndulo nos impulsará hacia la última dieta de moda, la última tendencia de moda o nos llevará a seguir los consejos de alguna celebridad en tendencia de

2. Global Wellness Institute. «*Wellness Industry Statistics and Facts*» [Estadísticas y datos de la industria del bienestar]. (Octubre 2018). Recuperado de https://globalwellnessinstitute.org/press-room/statistics-and-facts/#:~:text=The%20global%20wellness%20economy%20is,%2C%20based%20on%20WHO%20data.

quien no conocemos su verdadera realidad o carácter y nunca pondremos nuestros pies en el fundamento eterno que no cambia ni en los principios dados por nuestro Creador. Él realmente sabe cómo deben *funcionar* las cosas. Por ello, quiero aclarar desde el principio las bases de este libro. El cimiento es la Biblia, lo que ella enseña de toda la vida, del individuo de manera integral y de la gracia y la sabiduría común dada por Dios a los seres humanos.

Muchas de las prácticas de bienestar que el mundo ofrece son sabias y saludables. Por eso, es preciso: «Examinadlo todo; retener lo bueno» (1 Tes. 5:21, RVR1960). Todo lo que es sabio y verdadero honra a Dios. Sin embargo, la premisa de «haz lo tuyo» o «tú solo preocúpate por ti» es egocéntrica y opuesta a los principios cristianos y a la verdad. Si recordamos las palabras de Jesús, nuestra motivación debe ser vivir de cara a Dios, honrarlo en toda nuestra manera de vivir (1 Ped. 1:15, RVR1960), celebrar que hemos sido apartados para Él. La mayor motivación al cuidar y buscar ordenar nuestra vida debe ser la gloria del Señor, pues ¡para esto fuimos creados! En eso encontrarás gozo y propósito, aun en la situación más difícil.

Mi deseo con este libro es llevar al lector a una autoevaluación con ESPERANZA. Dios está a nuestro lado para capacitarnos y que ordenemos cada área de nuestra vida conforme a lo que Él mismo ha revelado. Nuestro Padre quiere que vivamos la vida hermosa que nos ha concedido y que lo hagamos bien.

Reflexiona:

1. ¿Cuáles áreas de tu vida sientes que están en orden?

2. ¿Cuáles áreas de tu vida entiendes que están en desorden? Si son varias de las mencionadas en el índice o alguna otra que se te ocurra, escríbelas en el orden de prioridad; inicia desde la más desordenada a la menos desordenada:

    a. ______________________________

    b. ______________________________

    c. ______________________________

    d. ______________________________

    e. ______________________________

3. Describe en una palabra u oración breve, ¿cómo te sientes?

CAPÍTULO 2

Principios del autocuidado

«Ten cuidado de ti mismo y de la doctrina; persiste en ello, pues haciendo esto, te salvarás a ti mismo y a los que te oyeren».

1 Timoteo 4:16 (RVR1960)

«Para asegurar buena salud: come ligero, respira profundo, vive moderadamente, cultiva la alegría y mantén tu interés en la vida».

William Londen

¿CÓMO ORDENO MI VIDA?

Con frecuencia, al hablar de autocuidado se utiliza la ilustración de las instrucciones de seguridad en los aviones. En todos los vuelos se especifica la orientación: «Si hay un cambio de presión en la cabina, las mascarillas de oxígeno se desplegarán automáticamente, póngase primero la suya y solo entonces debe usted ayudar a las personas (niño o niña) a su lado a hacer lo mismo». ¿Por qué? Porque si usted se desmaya o muere, no puede ayudar a nadie.

—

CRISTO, NUESTRO EJEMPLO: Cristo descansaba cuando lo necesitaba, dormía, caminaba kilómetros a diario, pedía comida, no negaba Sus necesidades humanas. Mostró Sus luchas y emociones de manera vulnerable y aun así no pecó y dependió del Padre: lloró por la muerte de Lázaro (a pesar de que sabía que lo resucitaría); pasó por la angustia y la ansiedad del Getsemaní y de la cruz y, pidió apoyo de Sus discípulos (aunque sabía que lo abandonarían). Él mostró una humanidad dependiente y fortalecida en Su relación intertrinitaria; pero eso no lo hizo negar Su estatus emocional mientras caminaba por esta tierra, revestido de humanidad, pues era parte del ser y el quehacer humano.

—

¿Por qué está Dios interesado en el orden de mi vida? Necesitamos convencernos bíblicamente y aplicarlo a distintas áreas que estudiaremos en estos capítulos. La principal razón es porque Él es un Dios de orden. Vemos que la Biblia correlaciona de manera directa el desorden y la confusión: «Porque Dios no es *Dios* de confusión, sino de paz, como en todas las iglesias de los santos» (1 Cor. 14:33, NBLA). Esto aparece en el contexto de varios problemas en la iglesia y en cómo el desorden ante la sociedad afecta el testimonio cristiano. Pablo aclara el mandato del orden a los hermanos y a la congregación. Ese principio debe gobernar no solo en la Iglesia y en la vida espiritual, sino también en todo el quehacer humano.

Debe iniciar por la casa de Dios, por quienes somos reconocidos como Sus hijos y fuimos llamados a imitar y representar a Cristo en nuestra manera de vivir aquí en la tierra. No es por nuestro discurso que debemos ser conocidos, sino por tener vidas ordenadas que en todo muestran a Dios al mundo tal como Él es. En oposición a esto, muchos cristianos nos hemos convertido en la antítesis del orden y somos conocidos por el desorden en nuestras vidas, familias, comunidades e iglesias. La Biblia deja claro aspectos de orden para la existencia y el obrar humano, desde lo que comemos y tomamos, que no sea en exceso ni dañino a la salud, hasta el uso de los dones espirituales, que debe hacerse de manera organizada por mandato de Dios y por amor a los incrédulos que nos observan (1 Cor. 12–14).

Observemos que en el libro de principios, Génesis, Dios llama la atención del lector a cómo estaba el mundo antes de su intervención «... la tierra estaba desordenada y vacía...» (Gén. 1:2, RVR1960). A veces compartimos el mismo sentimiento en nuestro tiempo. Sobre todo hoy, ante el coronavirus y con la corrupción social que se halla en el mundo, cada día parece que la tierra está como antes de la creación: «desordenada». Lo cierto es que no podemos culpar a las sociedades, pues ellas están compuestas por individuos que finalmente son responsables del desorden. Dios pregunta: «¿De dónde *vienen* las guerras y los conflictos entre ustedes? ¿No vienen de las pasiones que combaten en sus miembros?» (Sant. 4:1, NBLA). Cuando nos indignamos por el mal en el mundo y preguntamos dónde está Dios en el aparente caos, es preciso recordar que son seres humanos contra otros seres humanos; se hieren, se dañan, se violentan, se comportan con negligencia y egoísmo, se corrompen y engañan. No podemos culpar a Dios por el desorden que es nuestra responsabilidad y consecuencia de las decisiones y las acciones de los seres humanos.

Desde una perspectiva bíblica, quisiera proponer esta definición de autocuidado:

«Es el proceso compuesto por acciones para el cuidado de la salud integral personal e interpersonal de los individuos y sus comunidades, motivados por obediencia a la Palabra de Dios y experimentando el gozo y la libertad encontrados en la Escritura para el florecimiento humano. El autocuidado es el punto de partida para el cumplimiento del mandato de mayordomía que Dios asignó al ser humano, no solo respecto a la creación, sino también de sí mismo». Nota los siguientes aspectos:

- El autocuidado es un proceso. No se logra en un día.

- El autocuidado toma en cuenta TODO el ser y el quehacer humano; exterior (cuerpo, relaciones interpersonales) e interior (emociones, mente, decisiones, etc.).

- El autocuidado tiene una motivación bíblica, basada en el amor a Dios y a los demás, el reconocimiento de que somos portadores de Su imagen. Quienes nos identificamos como cristianos tenemos razones adicionales: «Porque han sido comprados por un precio. Por tanto, glorifiquen a Dios en su cuerpo y en su espíritu, los cuales son de Dios» (1 Cor. 6:20, NBLA). Además, nuestro cuerpo es templo del Espíritu Santo (1 Cor. 3:16; 6:19).

- El autocuidado no es un fin en sí mismo. Cuidarnos y ordenar nuestra vida no debe convertirse en un ídolo motivado por un deseo de control pecaminoso en nosotros y en los demás. Debe ser impulsado por el amor a Dios y al ser humano y buscar el gozo que encontramos en vivir para la gloria del Señor y Sus propósitos.

- El autocuidado no es intrínsecamente egoísta. En la Biblia observamos que Cristo dio vastos ejemplos de autocuidado. Así mismo, Dios, desde el Antiguo Testamento proveía a Su pueblo formas de cuidar su salud física, mental, emocional, relacional, etc.

- El autocuidado no es lo mismo que la autoprotección.

  - La autoprotección levanta murallas, mira todo y a todos como enemigos o como amenaza. Nos lleva a centrarnos en nosotros mismos. Esto impide que nos relacionemos de modo sano con los demás y con el entorno cuando no existe un peligro inminente.

  - Este tipo de autoprotección es errónea y diferente de la que *debemos* ejercer cuando existe una situación donde se quebrantan los límites y se da paso a abuso espiritual, físico, emocional y psicológico o situaciones de codependencia emocional. En estas condiciones es necesario protegernos, establecer en algunos casos límites emocionales y físicos o separación. Ante circunstancias así, resguardarnos es nuestra responsabilidad; así como buscar la ayuda necesaria en nuestras familias, amigos, iglesias y, en casos donde sea necesario por abuso físico o sexual, acudir a los organismos judiciales apropiados para estos fines.

- La autoprotección es como tener la alarma contra incendios encendida todo el tiempo. El propósito de la alarma es avisar cuando hay un verdadero peligro. Sin embargo, vivir en estado permanente de alerta llega a ser destructivo y desgastante.

- La autoprotección no sana o motivada por el egoísmo nos encierra en nosotros mismos y eleva nuestras necesidades por encima de las de los demás. De ese modo, cedemos el control a nuestros temores, miedos y motivaciones. Como consecuencia, nos impide fructificar *cuando no hay un peligro real ni evidente.*

El orden refleja el carácter y el diseño de Dios. Muchas personas no creen que la Biblia sea relevante para todas las áreas de la vida. Esto es un error. Dios es el más interesado en que todas las cosas bajo Su señorío estén en orden. De manera primordial, esto se aplica a la vida humana. Un pasaje bíblico sumamente conocido, aunque poco practicado, es 1 Corintios 14:40. En ocasiones creemos que Dios solo se refiere o está interesado en la vida espiritual, pero, una vez más, eso no es lo que la Biblia nos enseña. A Dios le importa y pone los lineamientos de orden para toda la existencia humana, no solo la espiritual. El Señor tiene el mayor conocimiento sobre el orden y el cuidado de nuestro cuerpo, mente, trabajo, etapas de la vida, relaciones, ministerios, etc. Él está interesado no solo en *qué* hacemos, sino también en *cómo* lo hacemos, las *motivaciones* detrás de ello, el tipo de personas en que nos convertimos en ese proceso y cómo somos formados progresivamente a la imagen de Cristo. Él es nuestro ejemplo de orden.

Por ello, cada hijo e hija de Dios debería orar de manera sincera y perseverante esta oración: «Ordena mis pasos con tu palabra, y ninguna iniquidad se enseñoree de mí» (Sal. 119:133, RVR1960). En Salmos 37:23 (RVR1960) también leemos: «Por Jehová son ordenados los pasos del hombre, y él aprueba su camino». ¿En qué formas vemos que el Señor ordena nuestros pasos? Si leemos exhaustivamente a lo largo de la Escritura nos damos cuenta de que la Palabra de Dios es el estándar mayor de orden. Aun así, no es un libro de instrucciones ni reglas. Más bien, al ser la revelación de Dios nos muestra cómo es Él y qué ha expuesto sobre nosotros. A partir de ello, podemos establecer prioridades y ordenar nuestras vidas. Sin la Palabra de Dios cada cual haría lo que bien le pareciera y eso solo lleva a confusión, anarquía y desorden.

El lugar donde alguien vive revela mucho sobre esa persona. No me refiero en absoluto a clase social ni a nivel económico. El orden no tiene que ver con esos aspectos. Sin embargo, su presencia o ausencia en una casa puede reflejar cómo están otras áreas de la vida. Tampoco me refiero a perfeccionismo o tener los espacios listos para exhibición a toda hora. Donde habitan y trabajan personas, tener un espacio perfectamente ordenado todo el tiempo no es el estándar. El orden en el mundo exterior y en la existencia de cada ser humano debería ser un reflejo de lo que el Creador ha revelado de sí mismo. De ese modo, cuando nuestra vida está en orden, aun en medio del caos, podrá reflejar el carácter de Dios.

Existe un estándar absoluto que establece las diferencias entre lo bueno y lo malo; lo sabio y lo necio; lo sano y lo enfermo. Esto lo observamos en la Palabra de Dios revelada. Ella nos enseña principios sobre el orden. Mencionamos algunos a continuación:

- Un camino ordenado muestra salvación. Hasta que el ser humano no sea salvo a través de Cristo, la vida no está en orden. Hasta que nuestra relación con Dios no haya sido priorizada, el orden se nos escapa. Trataremos más este tema en el capítulo sobre la vida espiritual.

- Debemos desear orden. En nuestra vida, el orden está relacionado directamente con la capacidad de obedecer a Dios y cumplir Sus estatutos. Conozco muchos misioneros que han tenido que salir de su campo de servicio por problemas de salud. Un gran número de esas dolencias eran fácilmente previsibles con solo seguir la sabiduría básica de alimentación, ritmos sanos, descanso, ejercicio e hidratación. Las negligencias en estas áreas afectan nuestra capacidad de servir a Dios y a los demás.

- El orden no es «restrictivo», pues su propósito es otorgar verdadera libertad. Un predicador utilizó una ilustración de cómo nos volvemos expertos en un instrumento musical. Las prácticas pueden parecer aburridas y restrictivas, pero cuando lo aprendemos podemos tocar hermosas piezas musicales sin pensarlo. El orden nos ayuda a tener una vida que haga música, naturalmente.

En los salmos, el salmista reconoce su necesidad de Dios para lograr esto. En Salmos 119:5 (RVR1960) ora: «¡Ojalá fuesen ordenados mis caminos para guardar tus estatutos!» La obediencia al Señor viene de una vida ordenada. En Salmos 119:133 (RVR1960) nuevamente expresa: «Ordena mis pasos con tu palabra, y ninguna iniquidad se enseñoree de mí». El orden bíblico libera. O tenemos al Dios de orden como Señor de todo o la iniquidad y el desorden reinan.

Como todo lo que vemos en la Escritura respecto a la santificación y la formación del carácter de Cristo en el creyente, establecer orden implica la participación de dos personas: Dios y el ser humano. El Señor es quien produce «... el querer como el hacer...» en nosotros «... por su buena voluntad» (Fil. 2:13, RVR1960). Dios es quien define los estándares. El ser humano es el responsable de caminar en ese orden establecido por Dios y establecerlo en la tierra a medida que su vida como individuo, como familia y como sociedad es organizada. El orden en todas las áreas de la vida es parte de lo que llamamos santificación.

Una de las grandes mentiras de esta generación, sobre todo de personas que se identifican como creyentes, es el amor propio. Es un extremo que gobierna casi todos los discursos del mundo del bienestar. Un imperativo de la vida cristiana es pensar claramente, con sobriedad y justicia, acerca de nosotros mismos. Muchos enseñan un discurso humanista que infla el ego humano por encima de nuestra realidad como pecadores. En el otro extremo están aquellos que no tienen una perspectiva bíblica del valor intrínseco que cada ser humano tiene al ser portador de la imagen de Dios. Por ende, todo problema de autoimagen corporal o emocional, toda lucha y comparación debe llevarse ante la cruz de Cristo. Cada uno de nosotros vale más que los pajaritos y el resto de la creación (Mat. 10:31; Luc. 12:7,24).

El cuidado bíblico está basado en «los unos a los otros». Esta es una gran diferencia respecto al discurso motivacional que escuchamos aun de personas que se dicen predicadores del evangelio. Ese no es el evangelio de Jesucristo. Cargar la cruz, negarse a uno mismo y dar la vida por los demás y por la causa de Cristo entran en conflicto directo con algunas de las frases que escuchamos del mundo y que están de moda en nuestros días. Cito algunas a continuación:

- *Tú solo preocúpate por ti.* Esto contradice múltiples principios bíblicos. Sabemos que no siempre es tan simple como parece y las dinámicas relacionales pueden ser complejas. A pesar de ello, los mandatos son claros: lleven los unos las cargas de los otros, exhorten, corrijan, animen, reprendan, guarden, entreguen su vida por amor a otros, amen a sus enemigos, sean de un mismo espíritu. Todo esto es contrario a lo que se ha vuelto popular.

- *Saca a las personas tóxicas de tu vida.* Hay una diferencia significativa entre poner límites a los demás, que definan dónde empiezas tú y dónde terminan ellos, a solo establecer las relaciones que te convengan o que te sean cómodas. Esto conlleva el peligro de que únicamente te rodees de personas que te dicen lo que quieres oír. Finalmente, terminarás en una incesante búsqueda de iglesias y grupos que te digan lo que te gusta, aunque no te prediquen la Palabra de Dios. Podrías convertirte en esclavo de algún hábito dañino porque nadie te mostrará su preocupación por ti ni señalará tus puntos ciegos. Nuestra naturaleza caída tiende siempre al egoísmo. En muchas ocasiones fallamos en medio de conflictos, en reconocer nuestra propia falibilidad y nuestros errores. Es más fácil acusar a otro de ser tóxico que reconocer nuestra parte en el problema. Sin embargo, la Biblia nos llama a que intentemos reconciliar las relaciones rotas en vez de descartar a las personas de nuestras vidas como si fueran platos desechables. Si Dios hiciera eso con nosotros cada vez que le fallamos ¿dónde estaríamos?

Conócete y reconoce. A veces no nos conocemos a nosotros mismos. Tendemos humanamente a minimizar nuestras debilidades y a ver nuestras fortalezas con más relevancia o más grandes de lo que en verdad son. Necesitamos pensar sobre nosotros mismos de la manera correcta. Por otro lado, podemos tener todo el autoconocimiento posible, pero lo que hacemos y cómo lo utilizamos es lo que la Biblia llama sabiduría. Proverbios 9:10 nos enseña que el conocimiento de Dios es el que hace a alguien verdaderamente sabio. El conocimiento de nosotros mismos puede ser irreal e incorrecto porque el corazón del ser humano es engañoso (Jer. 17:9). Por eso NO debes seguir tu corazón. Creo que una de las preguntas que más asusta a alguien en consejería es la siguiente: ¿qué aportas o qué responsabilidad tienes en esta situación? Y luego: ¿cómo crees que Dios desea cambiarte y hacerte más como Cristo en esta situación?

En conclusión, necesitamos conocer nuestras fortalezas y debilidades, egoísmo, orgullo y la fuente de nuestra ansiedad, llevarlos delante del Señor y pedirle: «Escudríñame, oh Dios, y conoce mi corazón; pruébame y conoce mis inquietudes. Y ve si hay en mí camino malo y guíame en el camino eterno». (Sal. 139:23-24, NBLA). Esta debe ser mi oración y la tuya. Tómate un tiempo para orar por estos motivos.

Proceso personal

Reflexiona:

1. ¿Qué mentalidad errónea sobre el autocuidado puedes identificar? Escribe un ejemplo de tu propia vida.

2. Describe en una palabra u oración breve ¿cómo te sientes?

CAPÍTULO 3

Cuida tu mente

«La mente sufre; el cuerpo paga».

El padrino III

Prestar atención es un mandato bíblico. Detenernos y observar nos ayuda a estar en el presente y entender lo que pasa en nosotros y a nuestro alrededor. La Biblia nos instruye a meditar: «Pues como piensa dentro de sí, así es él...» (Prov. 23:7, NBLA). Cuando un buscador de internet tiene demasiadas ventanas abiertas, el computador procesa más lento; incluso se cuelga o se queda estático. La única forma de resolver el problema es reiniciar. ¡Uf!, cuántos hemos perdido trabajo en proceso porque nuestro computador no dio más y dejó de responder del todo. Esto mismo pasa con nuestras mentes. Alguien nos vendió la idea de que el más productivo es el que tiene más ventanas abiertas. Esto solo estresa el sistema, nos lleva a un estado de ansiedad y, en ocasiones, hasta la depresión. Aún más, nos conduce a la frustración y la irritabilidad por asumir una carga que excede lo que Dios nos ha pedido y el fin para el que nos diseñó.

Por esto es necesario cerrar ventanas. Cerrar ciclos y cuestiones abiertas en nuestra mente, desde una conversación difícil que tengamos pendiente, hasta la carne que dejamos descongelando en el refrigerador. Si nos ocupamos de todo a la vez, añadimos estrés y ansiedad. Una forma de darle descanso a nuestra mente es prestar atención a lo que hacemos y sentimos en el presente, llevarlo a Dios en oración y hacer algo al respecto. Necesitamos ordenar nuestra mente y cuidar lo que piensa.

Siguiendo con las analogías tecnológicas, cuando una computadora o dispositivo electrónico deja de funcionar, lo primero que se recomienda o que hace el técnico es apagarlo y encenderlo nuevamente. Esto se llama «reiniciar». Romanos 12:1-2 expresa el mismo llamado a la renovación de nuestra mente. ¿Por qué es importante esta idea? En el mundo actual abundan los recursos y las metodologías de *concientización* (también conocido como conciencia plena y meditación). No obstante, conocemos que las soluciones simplistas no son tan simples. Todo ello por una elemental razón: somos *humanos*. Nuestra mente no está diseñada para vaciarse de pensamientos, sino para estar llena de ellos, aunque de manera ordenada.

El principio del refrigerador puede ayudarnos a entender. Las refrigeradoras están diseñadas para enfriar un volumen específico de alimentos. Mi hermano ha trabajado por años en el ambiente de servicio al cliente de línea blanca de electrodomésticos. Una de las razones principales de quejas infundadas y llamadas de clientes es el sobreuso, que es, en última instancia, mal uso: llenamos las refrigeradoras demasiado e impedimos que el aire circule y se distribuya, lo que provoca una distribución del aire frío desbalanceada. Nuestras mentes han sido increíblemente diseñadas para manejar información consciente e inconsciente. Nadie tiene que recordarse a sí mismo que su corazón debe latir. Él solo lo hace. No obstante, si estamos nerviosos podemos darnos cuenta y ayudarnos a estabilizar nuestra frecuencia cardíaca con solo RESPIRAR. Asimismo, para que nuestra mente funcione con orden, una tarea a la vez, debemos llenarla solo con lo necesario. Sé que para algunos puede resultar más difícil que para otros, como lo es difícil para mí. No podemos ni debemos escondernos de Dios porque: «Oh Señor, tú me has escudriñado y conocido. Tú conoces mi sentarme y mi levantarme; desde lejos comprendes mis pensamientos» (Sal. 139:1-2, NBLA). Poner nuestros pensamientos en orden requiere voluntad férrea y la mente con frecuencia nos gana. Entonces veamos algunos mandatos de cómo debemos pensar:

- Piensa de forma justa y bíblica. No consideres que eres mejor de lo que eres. Reconoce cuándo tus deseos, pensamientos e intenciones no son buenos. No te escondas de Dios, corre a Él. Como eres del Señor, debes pensar con sobriedad y una medida justa sobre ti mismo (1 Tes. 5:8).

- Reajusta tus opiniones y pensamientos para que se alineen con la Palabra. Cuando la Biblia contradice tus convicciones personales, la verdad bíblica debe prevalecer sobre tu criterio y forma de pensar. Resistirte a esto es rebelarte contra Dios y no te traerá libertad. En Romanos 12:1-3 (NBLA) tenemos esta exhortación: «Por tanto, hermanos, les ruego por las misericordias de Dios que presenten sus cuerpos *como* sacrificio vivo y santo, aceptable a Dios, *que es* el culto racional de ustedes. Y no se adapten a este mundo, sino transfórmense mediante la renovación de su mente, para que verifiquen cuál es la voluntad de Dios: lo que es bueno y aceptable y perfecto. Porque en virtud de la gracia que me ha sido dada, digo a cada uno de ustedes que no piense de sí mismo más de lo que debe pensar, sino que piense con buen juicio, según la medida de fe que Dios ha distribuido a cada uno» (énfasis de la autora).

- Piensa en una cuestión a la vez. Entrena tu mente. Reconoce tus limitaciones. Trata de enfocarte en una tarea y un pensamiento a la vez. Esfuérzate por estar presente en el ahora. Si estás conversando con alguien, no permitas que tu mente vaya a muchos otros lugares. Presta atención a lo que piensas. A las mujeres se nos hace mucho más difícil esto. Por la forma en que nuestro cerebro ha sido diseñado, nos resulta más complicado enfocarnos en una actividad a la vez. Necesitamos disciplinar nuestra mente para cocinar y estar enfocadas en eso y no en pensamientos sobre el trabajo, los niños, el esposo, la amiga y la mamá, todo a la vez. Esto nos abruma y, aunque se vuelve una costumbre, no es una que da vida y energía.

- Entiende y maneja correctamente el estrés: ¿Qué es el estrés? Según la reconocida Cleveland Clinic [Clínica de Cleveland]: «Estrés es una reacción normal del cuerpo cuando atraviesa cambios, que resulta en respuestas físicas, emocionales o intelectuales [...] el estrés es una reacción humana que todo el mundo experimenta. De hecho, el cuerpo humano está diseñado para experimentar estrés y reaccionar a él. Cuando vives cambios o retos (estresores), tu cuerpo produce respuestas físicas y mentales. Eso es estrés».[1] Es parte de la vida. Es imposible evitarlo, pero es necesario aprender a manejarlo del modo correcto.

A veces nos complicamos y nos ahogamos en nuestros pensamientos. Esto solo alimenta la ansiedad y la preocupación en nuestros corazones. En ocasiones deseamos resolver problemas que no tenemos la capacidad de remediar. En innumerables oportunidades, esas dificultades ni siquiera son nuestras ni requieren nuestra participación. Necesitamos ser humildes para reconocer cuándo no tenemos parte ni capacidad en la solución de algún contratiempo. Requerimos buscar ayuda en Cristo y depender del Espíritu Santo que está en nosotros. El salmista lo expresa de esta manera en Salmos 131:1-2a (NBLA): «Señor, mi corazón no es soberbio, ni mis ojos altivos; no ando tras las grandezas, ni en cosas demasiado difíciles para mí; sino que he calmado y acallado mi alma...».

- Ordena tus pensamientos: Los tiempos difíciles nublan, literalmente coartan nuestra capacidad de pensar bien. Los amigos de Job se encontraron en esta situación, no sabían qué decirle a su amigo sufriente. Ellos entonces pidieron a Dios: «Muéstranos qué le hemos de decir; porque nosotros no podemos ordenar las ideas a causa de las tinieblas» (Job 37:19, RVR1960).

---

1. Cleveland Clinic. *«Stress: Signs, Symptoms, Management and Prevention»* [Estrés: señales, síntomas, manejo y prevención] (28 de enero de 2021). Recuperado de https://my.clevelandclinic.org/health/articles/11874-stress

- Busca consejo: Observemos un par de instrucciones de sabiduría que la Biblia nos da:

  - «Los pensamientos con el consejo se ordenan; y con dirección sabia se hace la guerra» (Prov. 20:18, RVR1960). Reconoce y deja a un lado la terquedad y la rebeldía. Busca consejo en personas maduras, en quienes puedes identificar sometimiento a Dios y orden en sus propias vidas. Podemos tomar una dirección sabia o una necia. Escojamos lo mejor.

  - «El hombre impío endurece su rostro; mas el recto ordena sus caminos» (Prov. 21:29, RVR1960).

- Cuida tus pensamientos. No des rienda suelta a tu mente. Llénala de la Palabra. Ocúpala con temas que construyan tu vida y la de otros, no que destruyan. Aprende a hacer algo nuevo: cocinar, usar un programa de computación; recurre a la lectura y piensa en lo que lees. Llena tu mente con algo productivo, que da vida, que inspira dignidad y respeto a los demás. Usa tus dones y talentos y cultiva en tu mente cómo desarrollarlos.

- Cuida cómo piensas, sobre qué piensas. Suena a trabalenguas. Esto ocurre cuando crees que pensar mal de alguien es justificado y entonces alimentas esos pensamientos. Eso no te permite ver las cosas como son, sino como piensas que son. Alimentar la mente con nuestra percepción de la realidad, y no con los hechos, es un hábito mental enfermizo y destructivo. Deshace relaciones, porque juzgamos mal a alguien y nos quedamos con la imagen dañada de esa persona en nuestra mente. Todo ello, porque pensamos que nos ha hecho algo, sin necesariamente tener garantía de que estamos siendo objetivos. No dejamos ir esa idea acerca de esa persona. Entonces, al final el daño es personal.

- Cuídate de los malos pensamientos. Cuando escuchamos esta frase, generalmente creemos que se refiere a pensamientos sexuales o impuros. Sin embargo, incluye todo pensamiento errado, injusto y contrario a lo que nos enseña Filipenses 4:8-10. Basado en esto, los malos pensamientos son lo contrario a lo bueno. Si partimos desde aquí:

  – Todo lo que NO es verdadero es falso.

  – Todo lo que NO es honesto es deshonesto, engañoso, falso, exagerado y distorsionado.

  – Todo lo que NO es justo es injusto, que busca provocar división, envidia y orgullo.

  – Todo lo que NO es puro es impuro, malicioso, malintencionado.

  – Todo lo que NO es amable, es insultante, en detrimento de la dignidad humana y del prójimo, humillante y despectivo.

  – Todo lo que NO es de buen nombre, que busca poner en vergüenza y revelar lo peor, da mala reputación.

El mandato final de este pasaje es que actuemos en contra de la inclinación de nuestro corazón: «... si hay virtud alguna, si algo digno de alabanza, en esto pensad» (Fil. 4:8, RVR1960). En esto «mediten, ponderen, piensen detenidamente». Ese es el llamado del autor. Nuestros pensamientos no deben controlarnos. Nosotros, en el poder de Cristo, podemos contenerlos (2 Cor. 10:5). Martín Lutero afirmaba que «no podemos evitar que las aves *(pensamientos)* vuelen sobre nuestra cabeza, pero podemos evitar que hagan nido sobre ella». Esto nos ayuda a identificar que los pensamientos obsesivos (sobre una discusión, una conversación, atribuir a alguien intenciones que no ha expuesto, asumir negatividad o culpa ajena, obsesionarnos con las opiniones de los demás por encima de la opinión de Dios, etc.) son contrarios al mandato de la Palabra.

- Cuidado con los dispositivos electrónicos: Están diseñados para que solo pienses obsesivamente en ellos. Con frecuencia, nos preocupa lo que piensa todo el mundo y nos llenamos de temor de que otro haga, logre o viva mejor que nosotros. Esto nos destruye. Ponle restricciones a tu móvil y al de tus hijos. Puedes creer que no te afecta. Sin embargo, te aseguro que esos mensajes de Facebook e Instagram que te promocionan productos están allí porque sus algoritmos están diseñados para ofrecerlos por una conversación que tuviste o una fotografía que abriste. Esto no es conspiranoia, sino el diseño de los medios sociales. Sal de esta trampa. Siempre habrá otra blusa más bonita que comprar, otro producto para las arrugas que probar, una mujer más bella o un hombre más apuesto que tú, una casa mejor decorada, una persona más talentosa o un ministerio más popular que el nuestro. No es necesario abrumarnos con estas comparaciones dañinas. Créeme, los productos acumulados en tu gaveta y tu botiquín en el baño te gritan: «¡No necesitas uno más!», todas las cargas y las responsabilidades que tienes te declaran: «Ocúpate en lo tuyo, cultiva lo que posees, agradece dónde estás y ¡deja de compararte!».

Corrige al hablador en ti. Eres la persona que más habla contigo. La cantidad de conversaciones en nuestra mente puede ser abrumadora. Recuerda cómo te hablas a ti mismo:

- *¡Nada es tan simple como parece!* Nunca tenemos todo el conocimiento ni la verdad completa sobre una persona o situación. Con frecuencia las realidades no son como parecen ni como las escuchamos, sino, de hecho, son totalmente opuestas a lo que hemos oído o creído.

- *Vivimos con nuestra interpretación o percepción de nuestras experiencias.* Nadie recuerda ni procesa las experiencias exactamente, a la perfección, como ocurrieron, sino que, por lo general, recordamos cómo nos hicieron sentir. Esto alimenta la forma en que nos hablamos a nosotros mismos, lo cual puede ser saludable y bueno, porque es parte de nuestra humanidad. Con todo, también corremos el riesgo de quedar atrapados a merced de cómo nos hizo sentir algo sin poder librarnos del sentimiento de víctima que en muchos casos nos esclaviza.

- *Podemos eliminar todo el estrés de nuestra vida.* Esta es una falsa promesa. De hecho hay órganos, como los músculos, que solo se desarrollan bajo estrés o esfuerzo retador al levantar peso. Esto les permite afirmarse y crecer. Con esta ilustración en mente pensemos:

- *No puedes controlarlo todo.* De hecho, no puedes controlar nada a tu alrededor ni deberías querer intentarlo.
- *Identifica y corrige el pensamiento errado o las distorsiones cognitivas.* Uno de los mayores problemas con nuestra mente es *cómo* pensamos.

Si tendemos a generalizar todo, eso nos impedirá tomar decisiones objetivas o ser agradecidos. ¿Por qué me pasa esto solo a mí? (¿De verdad crees que eres la única persona en el planeta que pasa por esto?) (1 Rey. 19:14,18). Expresiones como «tú siempre...», «tú nunca...» o «solo yo...» son una generalización que suele añadir fuego al conflicto, provoca que la otra persona se sienta incomprendida y no permite el diálogo honesto. Si piensas constantemente en mejores escenarios, distintos a tu realidad, los «si tan solo...» llenarán tu vida de ingratitud y alimentarán la insatisfacción en tu corazón. La gratitud es una de las mejores medicinas para corregir las formas de pensar erradas con que nos hemos acostumbrado a ver la vida y a los demás.

- Otras distorsiones comunes que afectan nuestra forma de pensar son: el pensamiento catastrófico, que se presenta cuando piensas en lo peor que pueda suceder independientemente de cuán improbable sea que ocurra.

- La generalización, se manifiesta en expresiones como «*siempre* tal o cual cosa...» o «*nunca*... tal o cual cosa» pero no nos permite ver la realidad, solo nuestra percepción.

- La descalificación positiva, que consiste en pensar en extremos sobre nosotros mismos, nuestras circunstancias o los demás. Creemos que eso nos hará sentir superiores porque en el interior nos sentimos inferiores. Entonces hacemos lo siguiente:
  - Maximizar lo malo
  - Minimizar lo bueno

Una forma común y muy destructiva es la victimización, pues no nos da la posibilidad de evaluar objetivamente si tenemos o en qué medida alguna responsabilidad en una situación o conflicto y ejercemos un poder de manipulación sobre otros. Eso es motivado de continuo por el orgullo y la inseguridad que nos impide reconocer cuándo fallamos o de qué manera (2 Cor. 13:5). El problema mayor es que nos ponemos en el centro del mundo para juzgar a los demás, pero sin arrepentimiento no hay remisión de pecado, lo cual nos deja esclavos de nuestro pecado, separados de Dios y con relaciones rotas, pues el primer paso a la reconciliación es el reconocimiento de nuestra falta sin minimizarla. No hacerlo solo alimenta más el enojo o la separación en nuestras relaciones con los demás y nuestra relación con Dios. Muchas veces nos negamos a ver que somos nosotros los que hemos ofendido y victimizado a los demás y evadimos nuestra responsabilidad usando la victimización. Muchos están esclavos en ese ciclo que solo puede ser quebrantado al renunciar a la victimización.

Comúnmente podemos saltar a conclusiones *a priori* y suponemos lo peor de los demás sin tener conocimiento de los hechos. Esto se basa en prejuicios contra los cuales nos instruye la Palabra de Dios (1 Tim. 5:21).

Otra forma es la lectura mental que argumenta en nuestra mente: «Yo sé exactamente lo que esa persona está pensando» o «su motivación es [...] esta persona quiere...». Eso no es correcto. En no pocas ocasiones hasta lo espiritualizamos y lo llamamos discernimiento, juzgamos de un modo injusto a otra persona. Más que eso, afirmamos que algo motivado por una percepción de nuestra carne viene del Espíritu. Esto es peligroso. ¿Por qué? Porque los dones del Espíritu son para edificación del cuerpo. Si esa forma de pensar nos trae ansiedad y emitimos a raíz de esto un juicio o etiqueta mental a esa persona de manera injusta, entonces probablemente no viene de Dios. Al final, solo pretendemos tener la capacidad de *adivinar* lo que el otro piensa basados en experiencias previas, por lo general negativas. Ahora bien, la Biblia enseña de un modo nítido contra la adivinación. Pensamos que adivinación es solo brujería o espiritismo. Aunque, pretender conocer algo que solo Dios puede saber, como «... los pensamientos y las intenciones del corazón» (Heb. 4:12, RVR1960), es una forma de adivinación y de tomar el lugar de Dios. No debemos suponer de manera arrogante que sabemos lo que otros piensan o su intención. Esto no es provechoso y daña nuestra relación con Dios y con el prójimo. El tiempo es el gran revelador. Déjaselo al Señor. Por otro lado, la personalización consiste en atribuirte la culpa parcial o total de un suceso donde la responsabilidad NO es tuya, ni total ni parcialmente.

Vivir en lo que podría ser posible, con expectativa irreal en lo que debiera o no debiera ser; los «si tan solo...». Adán y Eva dañaron el mundo ideal, que se hizo disfuncional por su pecado, y continúa así hasta hoy. Nuestra mente, nuestro cuerpo, la naturaleza y todas nuestras relaciones son disfuncionales. Esa es la realidad. Necesitamos aceptar que vivimos en un mundo imperfecto, del cual somos parte. Esto reducirá considerablemente la ansiedad a través de la aceptación de nuestra realidad. Para ello, requerimos liberarnos del modo idealista y perfeccionista de ver al mundo y las personas. Es importante notar que la aceptación no es lo mismo que la resignación.

- La aceptación nos prepara y anima a seguir adelante.
- La resignación nos hace víctimas de las circunstancias.
- Y siempre hay ESPERANZA.

Estas son solo algunas formas incorrectas de pensar. Necesitamos entonces ver una forma bíblica de hacerlo.

Meditación Bíblica: una mente en la Palabra

La meditación bíblica es una herramienta poderosa en la transformación de qué y cómo pensamos. Existen principios que te ayudarían y que podrías practicar cada día. El ejercicio de Ignacio de Loyola es la base para algunas de estas sugerencias:[2]

---

2. «*The Spiritual Exercises*» [Los ejercicios espirituales]. LoyolaPress. (s.f.). Recuperado de https://www.ignatianspirituality.com/ignatian-prayer/the-spiritual-exercises/#usingspiritualexercises

- Lee la Palabra y piensa en lo que declara. Si no sabes por dónde empezar, existen muchos recursos gratuitos en línea como planes de lectura y devocionales.

- Pide a Dios que te ilumine para entender la Biblia.

- Agradece al Señor por lo que ha hecho hoy, lo que te ha dado, incluidas las situaciones difíciles que abruman tu mente.

- Reflexiona sobre tu día (o lo que va de él).

- Reconoce tus faltas y lo que no va bien.

- Enfrenta las circunstancias, los problemas y los temas pendientes en tu vida. No huyas, ni busques escapar en tus pensamientos y actitudes. Hasta que no las resuelvas, estas irán contigo donde vayas.

- Mira el día por delante, las siguientes horas y minutos por venir, con ESPERANZA.

- Pídele a Dios en oración de manera específica cómo lo necesitas.

Proceso personal

Escribe una lista de tus pensamientos en la última media hora. Al lado registra una emoción de cómo te hace sentir ese pensamiento. ¿Ese pensamiento está enfocado en el presente, el pasado o el futuro? Lleva estos motivos en oración delante del Señor.

1.

2.

3.

4.

5.

6.

7.

8.

9.

10.

Reflexiona y aplica

¿Qué nos enseña la Biblia sobre pensar?

- Presente:
- Pasado:
- Futuro:

CAPÍTULO 4

Cuida tu cuerpo

> «¿... y que no sois vuestros? [...] glorificad, pues, a Dios en vuestro cuerpo y en vuestro espíritu...»
>
> 1 Corintios 6:19-20

Los cristianos latinoamericanos necesitamos un entendimiento bíblico apropiado sobre lo que Dios enseña del cuerpo. El mundo, los medios sociales, las tendencias y las tradiciones culturales han formado nuestras ideas, buenas y malas, sobre el cuerpo. Por otro lado, la iglesia actual ha caído víctima del mismo problema que enfrentó la iglesia primitiva en cuanto a esto. El apóstol Juan y los escritores del Nuevo Testamento lucharon contra antiguas creencias (con predominio del gnosticismo) donde el cuerpo llegó a ser considerado malo en sí mismo. Esa convicción los llevó a creer y a vivir sin importar lo que se hiciera con el cuerpo. Ejemplos de dichas creencias erróneas que son comunes en cristianos pueden ser: «Es más relevante orar que llevarle una comida a alguien necesitado», «es más esencial dar el diezmo que pagar la cuenta del hospital de mi hijo», «un trabajo secular es menos santo e importante que ser misionero». Algunos creyentes llegan al extremo de pensar que necesitan maltratar el cuerpo o prohibir el casamiento, literalmente, porque esto los haría más consagrados delante de Dios (1 Tim. 4:3). Esta gente creó una división entre lo secular y lo sagrado que no existía y que es contraria a las enseñanzas de Jesús y el Nuevo Testamento. Cada creyente es llamado a hacer todo para la gloria de Dios (Col. 3:23-24). Si Cristo vino en carne, vivió en carne y ascendió con un cuerpo, este en sí mismo no puede ser malo (Heb. 2:14-17). Otros afirmaban que el cuerpo era secundario o que constituía la fuente de todo mal. Sin embargo, Jesús y los profetas del Antiguo Testamento apuntaron al corazón, al interior del ser humano como la fuente del pecado (Mat. 15:19-20).

Dios siempre ha demandado un oportuno cuidado del cuerpo. En 1 Tesalonicenses 5:23 (RVR1960) el apóstol Pablo ora: «Y el mismo Dios de paz os santifique por completo; y todo vuestro ser, espíritu, alma y cuerpo, sea guardado irreprensible para la venida de nuestro Señor Jesucristo». También el apóstol Santiago corrige a los creyentes y los confronta con la actitud incorrecta de algunos de ellos, que les deseaban la paz a los necesitados y no suplían sus necesidades físicas. Él considera esto hipócrita y errado. Lo vemos en Santiago 2:16 (RVR1960): «Y alguno de vosotros les dice: Id en paz, calentaos y saciaos, pero no les dais las cosas que son necesarias para el cuerpo, ¿de qué aprovecha?».

El cuidado del cuerpo

Una parte fundamental del cuidado de nuestro cuerpo es el peso, un indicador promedio de salud parte del índice de masa corporal (IMC), que es una medida basada en la altura y el peso corporal. El día que mi doctor me explicó lo que creía saber en cuanto a mi obesidad, esa imagen se quedó para siempre grabada en mi mente. Los latinos amamos viajar con la maleta llena. La aerolínea, para un viaje internacional, generalmente nos permite llevar una maleta de unos 23 kg o 50 lbs. Todos hemos pasado la experiencia de tener que sacarle artículos a la maleta frente al mostrador de chequeo para que nos dejen subir, porque nuestra mamá quería enviar regalos a todos los primos en Nueva York (es decir, nombre latino para todo Estados Unidos). El sobrepeso de 50 libras equivale a cargar todo tu equipaje sobre tu cuerpo TODO EL TIEMPO. ¡Imagínate, por eso nos sentimos tan cansados y adoloridos!

Con razón muchos padecemos de presión arterial alta, colesterol (no es más que las tuberías de tu corazón con pequeñas o no tan pequeñas obstrucciones, que al final pueden provocar un infarto). Con razón las rodillas nos duelen y ya no podemos subir más de dos pisos de escaleras. Esa maleta pesada que llevas todo el tiempo es la obesidad. Y no la tomamos con la suficiente seriedad. Vivimos en un tiempo en que la población mundial enfrenta este tipo de epidemia a la cual le hemos dado menos importancia de la que tiene.

Según la OMS, unos 1,9 billones de personas tienen sobrepeso y unos 650 millones padecen obesidad o su IMC es mayor que 30.[1] Nuevamente, ingerir más de lo que necesitamos, comer de modo compulsivo y sin freno (a lo cual Dios llama glotonería) o no cuidar de alimentarnos de forma correcta, con lo que Dios ha provisto en la creación, es la raíz del problema. Si necesitas bajar de peso, si tienes un trastorno alimentario (diagnosticado o no: bulimia, anorexia) o te niegas a alimentarte de manera adecuada por miedo a engordar, todas esas decisiones dañan tu cuerpo y son contrarias a lo que Dios nos llama en Su Palabra. Si estás en alguna de esas situaciones, busca ayuda, consejo, visita a tu médico y toma acción. Existen muchos recursos adecuados para ayudarte. No es un problema de imagen, sino de calidad de vida.

El efecto de las enfermedades

Todos nos hemos enfermado en algún momento. Otros padecen de alguna enfermedad, lo cual puede ser desgastante emocional, física y financieramente. Necesitamos ser conscientes de los efectos y el ciclo en que podemos caer a raíz de padecer una enfermedad, sea crónica o aguda. Las dolencias crónicas son aquellas que se desarrollan de forma progresiva y que pueden agravarse en un período de tiempo (por ejemplo, el asma), mientras que las agudas son repentinas y solo duran unas semanas o días (una gripe). Nuestras

1. World Health Organization. «*Obesity*» [La obesidad]. (s.f.). Recuperado de https://www.who.int/health-topics/obesity#tab=tab_1

respuestas ante estas situaciones que no están bajo nuestro control son importantes. Sin embargo, nos es posible hacer cambios y adaptar nuestros estilos de vida para aliviarnos y ayudarnos en el manejo de ellas. También es imperativo buscar la ayuda necesaria para hacer ajustes y mejorar.

¿Eres lo que comes?

La nutrición no se trata, por cierto, de la cantidad de comida. Es de vital importancia que la alimentación humana incluya los diferentes grupos nutricionales. En realidad, para nutrirnos y estar saludables necesitamos comer MUCHO MENOS de lo que por cultura o en la sociedad se nos ha acostumbrado. Existen distintas posiciones respecto a cuáles son los macronutrientes o grupos nutricionales básicos, pero un consenso general menciona: grasas, proteínas y carbohidratos. Otros añaden fibra a este listado. Las cantidades y las fuentes de donde sacamos estos nutrientes marcan la diferencia, no solo en nuestra composición corporal, sino también en la calidad de nuestra salud en general. Tu médico o nutricionista puede orientarte, basado en si eres hombre o mujer, edad, déficits vitamínicos y salud integral, qué componentes y en qué cantidades debes incluir en tu dieta. Como regla general, la Asociación Americana del Corazón recomienda los siguientes rangos porcentuales: *entre 45-65 % de las calorías diarias provenientes de carbohidratos, 20-35 % de grasas y 10-35 % de proteína.*[2]

---

2. American Heart Association [Asociación Estadounidense del Corazón]. (27 de octubre de 2016). Recuperado de

---

De los carbohidratos (mejor conocidos como almidones y azúcares), existen los simples y los complejos según cuáles son transformados más rápido en azúcar, utilizados como energía y su exceso almacenado como grasa. Debemos preferir los carbohidratos complejos a los simples para una mejor alimentación. Las proteínas y las grasas pueden ser de fuente animal o vegetal.

Ejemplos de cada grupo nutricional:

- Carbohidratos: frutas, granos, vegetales, legumbres, cereales (naturales, no necesariamente procesados). Los carbohidratos simples están más disponibles en postres, golosinas y alimentos procesados.

- Proteínas: carnes, soya, legumbres, aves, pescados, legumbres, tofu, huevos, semillas, leche y derivados lácteos.

- Grasas: hay grasas buenas y malas. Las grasas malas son las causantes de enfermedades en el sistema cardiovascular. Básicamente, las grasas malas funcionan como un taponamiento en las «tuberías» que conducen la sangre en nuestro cuerpo. Esto es serio. Las grasas buenas son necesarias para el óptimo funcionamiento del cuerpo, por lo cual, no es correcto la completa eliminación de este grupo para una dieta saludable.

---

https://www.ahajournals.org/lookup/doi/10.1161/CIR.0000000000000462

- Grasas «buenas»: entre ellas están las saturadas e insaturadas. Las encontramos en aguacates, frutos secos, aceite de oliva, aceite de maní y de canola, etc.

- Grasas «malas»: grasas trans o sobresaturadas encontradas en margarinas, algunos tipos de aceite (hidrogenados), manteca, galletas y otros alimentos procesados.

El hogar y los hábitos alimentarios

Nuestros hábitos alimentarios se desarrollan en nuestros hogares. No solo están relacionados con el tipo de alimentos que ingerimos, sino que también incluye otros factores. Las horas de comida, el ambiente en la mesa, el método de preparación y quiénes participan en el proceso. Los padres son los responsables no solo de proveerles de comer a sus hijos, sino también de qué *tipos de comidas* ingieren.

De igual relevancia es el tiempo social alrededor de la comida. Muchos de nuestros vínculos familiares y conversaciones honestas e interacciones se dan en los tiempos de compartir los alimentos. Es vital que los padres vuelvan a las costumbres de comer con sus hijos. Cada vez más, los horarios laborales y la forma en que priorizamos el trabajo nos llevan a perder el tesoro de participar de la mesa con nuestros hijos y demás familiares.

En el Antiguo Testamento, la cena más importante del año judío era la de Pascua. Y era la responsabilidad del padre de familia enseñarles a los niños el porqué se celebraba esa cena, qué representaba la liberación de los judíos y el establecimiento como pueblo al salir de Egipto. Todo eso apunta, a su vez, a una verdad más profunda: la liberación eterna del pecado que sería obtenida con el sacrificio del cordero inmolado: Jesús. De igual modo, el Señor, en Su última cena, donde también celebraban la Pascua judía, utilizó ese tiempo para dejar indicaciones y enseñanzas vitales para el futuro de los discípulos. Te animo a aprovechar este tiempo con tu familia.

Los horarios de comidas con nuestros hijos, sin tener que hacerlo en forma de sermón o listado de instrucciones, son un tiempo para afirmar relaciones familiares, meditar y aprender juntos sobre Dios y el mundo en el cual Él nos ha puesto juntos. La vida moderna no permite a muchos compartir las tres comidas con su familia, pero al menos un tiempo de comida al día debe ser en familia. No importa si es el desayuno, la comida, la cena o solo el café, haz de la hora de preparación y del momento de compartir los alimentos un tiempo de unidad familiar.

Por otro lado, no traigas los pleitos ni las correcciones a la mesa. Puedes encontrar otra ocasión para corregir y confrontar a tus hijos o a tu pareja. Sé intencional en hacer que el tiempo de las comidas sea un espacio afable al cual todos desean llegar. Que esté cargado de respeto mutuo y de recordar lo que Dios les ha dado, aunque no sea mucho.

Chequeos médicos y vitaminas

Visita a tu doctor para un chequeo médico por lo menos una vez al año. Esta es una discusión constante con alguien cercano. El temor a lo que el doctor pudiera decirle es algo que lo mantiene alejado de los médicos. Posiblemente a ti también te pasa. Lo cierto es que el temor sin acción no nos ayuda. No es la ausencia de temor, sino las acciones que tomamos al enfrentarnos lo que hace la diferencia entre ahogarnos en el caos y la incertidumbre o tomar pequeños pasos que nos imparten dirección. En ocasiones, en dirección al hospital. La diferencia es si caminaremos hasta allí o nos llevarán en una camilla. Prefiero la primera.

- No te autodiagnostiques. Buscar en Google no ayuda a nadie a mantenerse en paz.

- No pienses lo peor. No tenemos los conocimientos necesarios como para creer lo peor de cada enfermedad que surge. Durante la COVID-19, cada mañana debía recordar que si me sentía mal ese día mi primera respuesta no podía ser la sospecha de haberme contagiado.

- Nadie tiene salud perfecta. Estar saludables es distinto a no padecer de nada. En algún punto de la vida nos enfermaremos, aunque sea de una gripe, y es cómo reaccionamos a eso lo que nos ayudará a enfrentarlo.

- Medicina preventiva. Es más barato cuidarnos antes de enfermarnos que tratarnos cuando ya estamos enfermos. Además, a nadie en sus cabales le gusta enfermarse. Las vitaminas, los chequeos médicos y la alimentación saludable son más baratos que las medicinas, los internamientos y las cirugías. Requiere mucho esfuerzo tener disciplina en esta área de alimentarnos bien, hidratarnos, hacernos los chequeos y ejercitarnos. Aunque la energía y el esfuerzo requerido es mínimo en comparación con buscar recuperar nuestra salud una vez que la hemos perdido. La medicina preventiva es mucho más responsable. Algunos datos significativos para ilustrar este punto son los siguientes:

  - La deficiencia de vitamina A produce dificultades oftálmicas y puede afectar la salud reproductiva.

  - La deficiencia de magnesio puede generar, según el tipo de magnesio: problemas del sistema digestivo como el estreñimiento (óxido de magnesio) y trastornos de sueño (citrato de magnesio). Estas afecciones, a su vez, cuando son sostenidas a largo plazo, pueden deteriorarse y llegar a causar afecciones más graves.

  - La deficiencia de vitamina B12 a largo plazo puede incidir en enfermedades y trastornos del sistema nervioso como demencia senil, debilidad muscular, depresión, pérdida de memoria e irritabilidad.

  - La deficiencia de vitamina D, que obtenemos principalmente por exposición al sol, puede causar sentimientos de depresión y falta de energía. También limita la absorción del calcio y origina problemas óseos como la osteoporosis. Si tomas calcio, pero tienes baja la vitamina D, tu cuerpo no puede absorberlo. Nuestro cuerpo ha sido diseñado con un balance que debemos nutrir de modo correcto para su funcionamiento. Unos 10-30 minutos de exposición al sol del mediodía son suficientes.

- La deficiencia de hierro es una de las más comunes. Esta puede tener distintas causas, que son reparadas con algunos suplementos y cambios en la alimentación. Tu doctor puede, con las analíticas, determinar si tienes insuficiencia y cuál es el tratamiento correcto. Esta deficiencia produce somnolencia, baja energía, fatiga y debilidad.

- La deficiencia de calcio puede generar dificultades en el desarrollo de niños y adolescentes así como problemas óseos en adultos.

La mejor forma de corregir deficiencias vitamínicas es a través de una alimentación balanceada. Todo ello, a pesar de que la calidad de los alimentos y su contenido nutricional hoy en día es menor que hace 50 años. Esto se debe en gran parte a los cambios ambientales introducidos en nuestro planeta por el uso indiscriminado e irresponsable de los recursos que Dios proveyó. Aun así, se estima que la tierra produce cuatro veces la cantidad de comida necesaria para alimentar a la población actual, pero la mala administración y el desperdicio de nuestros recursos, sobre todo en los países «desarrollados», tiene como consecuencia que más de un billón de personas padezcan desnutrición.

Se estima que el costo actual de la comida desperdiciada por año a nivel mundial es de unos 2,6 trillones de dólares. Por esto, debes evaluar y ordenar cómo alimentas a tu familia de manera que honre al Señor y no desperdicies los recursos que Él nos ha dado. Comparte tus alimentos y, si tienes en exceso, regálalo a alguien antes de que se dañen.

Hidratación

El cuerpo humano está compuesto por un 85% de agua. Es increíble. Por eso las dietas rápidas y extremas no funcionan. Nuestro cuerpo puede variar en peso drásticamente de la mañana a la tarde con un simple diurético. Y podemos tener un sentido distorsionado de nuestro cuerpo por la cantidad de agua que retenga o que le falte.

Aunque parezca increíble, si no tomamos agua el cuerpo recibe la señal de ese déficit y comienza a acumular el agua retenida que tiene en exceso. El agua que eliminamos ayuda a transportar las toxinas del cuerpo. Entonces, mientras más agua tomemos el cuerpo adquiere una mayor capacidad de deshacerse de la cantidad de agua necesaria para transportar las toxinas y grasas en exceso. De ese modo, nos ayuda a perder el sobrepeso que tengamos. Es decir, cuando el cuerpo está deshidratado, retiene agua para contrarrestar la falta de esta (lo cual te hace sentir hinchado, inflamado y con más peso).

¿Te has sentido nervioso y lo primero que te ofrecen es un vaso de agua? A veces la sensación de desorden y nerviosismo que tenemos depende mucho de nuestra hidratación. Una idea para medir tu hidratación sin que sea estresante es marcar tu botella de agua con un marcador de tinta permanente. Pones metas de consumo de agua por hora y eso te ayudará a cumplir tu meta de hidratación al día.

A algunos se nos dificulta consumir agua natural o pura. Aunque el agua natural es preferible, existen sustitutos que puedes consumir en su lugar:

- Té o infusiones. Sobre todo en invierno, o si vives en climas templados, tiendes a tomar menos agua, no porque tu cuerpo la necesite menos, sino porque lo percibe menos.

- Limón o lima: Agregar cítricos al agua nos facilita el consumo con menos contenido calórico y alcaliniza su pH.

Siempre ten en cuenta dos cosas: no te tomes las calorías. Los jugos naturales son deliciosos y saludables dependiendo de si añadimos azúcar o no y de cuánta azúcar agregamos. Los batidos de fruta con leche incluida también pueden ser altamente calóricos. Sobre todo los elaborados con leche evaporada, que aumentan las calorías.

El café, aparte de exacerbar el sistema nervioso, tiende a deshidratar. Por ello, debemos tomarlo de forma moderada. Una o dos tazas de café al día benefician la salud. Esto, si no tienes condiciones previas de enfermedades que se agraven con el café como, por ejemplo, gastritis. Muchos, por el hábito del café, preferimos tomar medicamentos para el estómago en lugar de simplemente limitar su uso, aunque sea por un espacio de tiempo. Son estas pequeñas acciones las que, con el tiempo, suman a nuestra salud general y hacen a la larga una gran diferencia.

Si consumes antiácidos constantemente, necesitas revisar tu hidratación. Muchas veces no es un problema de comida, sino de bebida. Después de consultar varios gastroenterólogos y padecer por muchos años de úlceras y gastritis, me tomó un tiempo considerable aprender. A veces culpamos a alimentos ácidos como los cítricos, el café, etc., pero es en muchos casos el consumo de harinas y azúcares lo que más exacerba la gastritis y el reflujo gástrico. Cada cuerpo es diferente. A pesar de eso, con un buen consumo de agua y una alimentación adecuada puedes encontrar gran mejoría.

El estreñimiento también es un problema causado en muchos casos por falta de hidratación. Recuerdo una vez que lloré al ver a mi sobrinito de unos meses de nacido sufrir por el estreñimiento. Esas toxinas en el cuerpo también afectan el humor por cómo nuestro sistema digestivo está diseñado. ¿Sabías que muchos de los neurotransmisores que necesitamos para luchar contra la ansiedad y la depresión se producen en el sistema digestivo? Visita a tu médico y busca cambiar tu estilo de vida para corregir estas dificultades.

Veganos y vegetarianos

Muchos creyentes han decidido optar por esos tipos de alimentación por distintas aproximaciones y beneficios a la salud. Cada cual debe hacer lo que mejor cree como administrador del cuerpo que Dios le ha dado. Sin embargo, construir toda una teología de por qué esta alimentación debiera ser imperativa para todo creyente va en contra del mandato y el permiso que Jesús le dio a Pedro: mata y come (Hech. 10:9-15, RVR1960). Existen beneficios de llevar de manera correcta una alimentación vegana y vegetariana (algunos la siguen de modo inadecuado y también padecen de deficiencias nutricionales e incluso obesidad, aunque en promedio este tipo de alimentación tiende a agrupar a una población más delgada). Aun así, esta no es una forma de alimentarnos que sea mandato bíblico. Infórmate con profesionales de la salud y de medicina natural sobre cómo llevar de forma apropiada este tipo de dieta si deseas hacerla.

Cuidado con la idolatría al cuerpo

Otro extremo es cuidar tanto nuestro cuerpo que nos negamos a envejecer bien. A veces idolatramos una figura y rostro que muestran una juventud irreal para nuestra edad. Cada vez más las cirugías plásticas se han vuelto una obsesión incluso en los hijos de Dios. Debemos tener cuidado. No puedo decirle a un creyente que las cirugías están mal. Cada caso y conciencia es particular. No obstante, si esto es motivado por una negación a entender que envejecemos y que nuestros cuerpos cambian, eso no debe ser así entre los hijos e hijas de Dios. Anhelar tener cuerpos de revista en ocasiones absorbe tanta energía de los hijos de Dios que no tienen tiempo para leer sus Biblias ni orar, aunque pueden estar horas en el gimnasio. Esa puede ser un área de desorden que necesitas revisar. Las prioridades del creyente deben estar claras. Recuerda que a pesar de que requerimos cuidar nuestros cuerpos, no debemos tenerlos como nuestro tesoro más preciado, porque pasarán. En la eternidad tendremos cuerpos glorificados. Aun cuando poseemos suficientes mandatos sobre cuidar nuestros cuerpos, hemos recibido, de igual forma, advertencias de no darle excesiva importancia a su cuidado.

Actividad física y ejercicios

No me gusta salir a hacer ejercicios, me pesa cambiarme para salir. Y en ocasiones hasta he usado la Biblia para justificar mi falta de disciplina «... el ejercicio físico aprovecha poco...» (1 Tim. 4:8, NBLA). ¡Qué barbaridad, sacar la Biblia de contexto para justificarme! Sé que no soy la única que lo he hecho. Jesús caminaba kilómetros diariamente para hacer Su trabajo ministerial. Durante los primeros 30 años de Su vida, y probablemente desde los 13 años (cuando un judío era considerado adulto), Él ayudó a Su padre José y aprendió y ejerció el oficio de carpintero. Esto requiere una ardua labor física. La recomendación general de la Asociación Americana del Corazón son 150 minutos de actividad física moderada a la semana.[3]

3. *Ibíd.*

El compañerismo y la comunidad. La comunidad juega un papel significativo en la actividad física. Se ha demostrado un mayor éxito en el establecimiento de hábitos de ejercicio físico en quienes poseen compañeros de entrenamiento que en las personas que lo hacen solos. Aunque los que se ejercitan en horas de la mañana, aparentemente son más estables en el hábito.

Mantente en movimiento. No minimices el impacto de la actividad sobre tu salud. Limpiar la casa, lavar la ropa, hacer jardinería y toda ocupación que requiera mover los grandes grupos musculares (piernas, brazos, abdominales, espalda, pectorales y hombros) activa tu sistema cardiovascular. La actividad física más natural y completa es caminar. No necesitas ser un maestro de CrossFit ni de ejercicios de contorsionista.

La persistencia en la actividad es vital. Te recomiendo escoger hacer una actividad física que disfrutes y ser consistente. Es mejor y mucho más beneficioso caminar 30-40 minutos al día por tres días a la semana, que ir unas veces al gimnasio y abandonarlo al mes. Puedes combinar algunas de estas actividades con otras disciplinas espirituales: meditar mientras caminas, escuchar la Biblia en audio o tener un listado de oración para cuando te ejercites.

Cuida tu sexualidad

Somos una generación caracterizada por la confusión. Esto era de esperarse si los valores absolutos son vistos como una construcción social y la verdad puede ser adaptada a conveniencia del proponente.

Es irracional y aun más triste que la identidad, quién es el individuo, en nuestros días haya sido reducida a preferencias sexuales. El SER humano ha sido limitado a instintos y deseos negando la naturaleza volitiva y racional que Dios le ha otorgado de manera exclusiva y que nos distingue del resto de la creación.

La Biblia nos manda a cuidar nuestra vida sexual. El sexo fue diseñado por el Señor para que en el contexto del matrimonio fuese un deleite de la pareja. No obstante, el ser humano y el pecado han manchado y distorsionado lo que Dios creó como bueno en gran manera.

Una vida sexual bíblica empieza por nuestros pensamientos. En la iglesia, antes era entendido que la Biblia tiene la autoridad para gobernar nuestra vida sexual, pero ahora cada vez más se populariza el cuestionamiento de la serpiente en el jardín: «¿Es verdad que Dios les dijo...?» (Gén. 3:1, NVI). Cuestionamos la clara intención de la Biblia, los límites y la ética sexual establecida. Otros viven en completa hipocresía, dan apariencia de piedad, pero hacen con su vida sexual lo que se les antoja, a veces se justifican con que Dios nos perdona y tenemos gracia. Ese abuso de la gracia solo denota que la persona que excusa su pecado y hábitos pecaminosos basados en ella, aún no ha entendido el evangelio. No hay que explicar mucho aquello que la Palabra de Dios ya ha determinado para nuestra propia conveniencia y florecimiento; para la protección de la familia y la sociedad.

A continuación, algunos pasajes para meditar (RVR1960):

- Marcos 7:21: «Porque de dentro, del corazón de los hombres, salen los malos pensamientos, los adulterios, las fornicaciones, los homicidios».

- 1 Corintios 5:1: «De cierto se oye que hay entre vosotros fornicación, y tal fornicación cual ni aun se nombra entre los gentiles; tanto que alguno tiene la mujer de su padre».

- 1 Corintios 6:13,18: «Las viandas para el vientre, y el vientre para las viandas; pero tanto al uno como a las otras destruirá Dios. Pero el cuerpo no es para la fornicación, sino para el Señor, y el Señor para el cuerpo. Huid de la fornicación. Cualquier otro pecado que el hombre cometa, está fuera del cuerpo; mas el que fornica, contra su propio cuerpo peca».

- 1 Corintios 7:2: «Pero a causa de las fornicaciones, cada uno tenga su propia mujer, y cada una tenga su propio marido».

- 2 Corintios 12:21: «Que cuando vuelva, me humille Dios entre vosotros, y quizá tenga que llorar por muchos de los que antes han pecado, y no se han arrepentido de la inmundicia y fornicación y lascivia que han cometido».

- Gálatas 5:19: «Y manifiestas son las obras de la carne, que son: adulterio, fornicación, inmundicia, lascivia».

- Efesios 5:3: «Pero fornicación y toda inmundicia, o avaricia, ni aun se nombre entre vosotros, como conviene a santos».

- Colosenses 3:5: «Haced morir, pues, lo terrenal en vosotros: fornicación, impureza, pasiones desordenadas, malos deseos y avaricia, que es idolatría».

Dios tiene la última palabra en tu sexualidad y no está abierto a interpretación. Podemos decidir si obedecer o no, pero eventualmente Dios juzgará y determinará las consecuencias de vivir fuera de Su diseño. Su voluntad es siempre mejor que la nuestra, ríndete a ella, cada día.

Finalmente, tenemos esperanza eterna: aunque de este lado de la eternidad nuestro cuerpo desfallezca al deterioro natural del envejecimiento, a nuestras malas decisiones o a una enfermedad catastrófica, tenemos esperanza de que si somos hijos de Dios un día tendremos un cuerpo perfecto. Este será para vida y deleite eternos en el Señor, que no se deteriora y donde la enfermedad física ni la mental existirán. Seremos libres para siempre y nuestros cuerpos funcionarán como deben. Esta es nuestra esperanza eterna.

Reflexiona:

1. ¿En qué áreas del cuidado corporal necesitas ayuda?

   ____

   ____

   ____

2. De las antes descritas:

   a. Escribe un aspecto principal del cuidado del cuerpo en que te enfocarás las próximas dos semanas ______________________

b. ¿A quién le rendirás cuentas? Escribe el nombre y envía un mensaje a la persona. Oren juntos ______________________________

c. ¿Con qué frecuencia rendirás cuenta de tu progreso?______________________________

CAPÍTULO 5

Cuida tu descanso

Puedes dormir porque Dios nunca lo hace. Él nunca duerme. He lidiado con problemas del sueño durante muchos años. En mi niñez, porque me preocupaba que un ladrón entrara a la casa. En mi adolescencia, porque mis hermanos no habían llegado y tenía miedo de que algo les hubiera pasado. En mi vida adulta, porque me levantaba a orar por los acontecimientos mundiales, la crisis en Venezuela, los refugiados y los desplazados por su fe (como los yazidíes), los gobiernos opresores y sus agendas, la niñez desvalida y los huérfanos, la economía mundial, los huracanes y los tifones que dañaron las cosechas. Podría sonar en verdad espiritual. Aunque, un vistazo más profundo a mi corazón me mostró que mi problema era el control. Como me dijo mi pastor, ¡parecía que aplicaba a la posición de trabajo de ser la cuarta persona de la Trinidad!

Dios no duerme. Tú sí necesitas dormir. Recuerda esto a tu corazón. En el mundo cristiano, sutilmente hemos comprado ideas que son clichés. Parecen tener sentido, pero son por completo antibíblicas. Una de ellas es que «DIOS comparte Su carga con nosotros», para dar a los oyentes un sentido de propósito. Las consecuencias no se han hecho esperar. Vivimos en una generación de cristianos insatisfechos a pesar de declarar y recibir por «fe» innumerables enseñanzas que son solo promesas humanas que se asemejan a lo que instruye la Biblia. La realidad es que Dios no necesita ni quiere nuestra ayuda. Nosotros precisamos el sentido de propósito y la asignación de Dios, pero esto viene para ser formados a Su imagen, para Su gloria y nuestro gozo. Los resultados y la gloria son solo de Él.

Uno de los capítulos más esperanzadores de la Palabra de Dios es Isaías 40. (Te invito a tomar un momento ahora y leerlo en tu Biblia). Hasta ese punto, la mayor parte de la profecía de Isaías se trataba del juicio de Dios contra Su pueblo. Sus malos caminos, su pecado no arrepentido, la injusticia social y la corrupción, los falsos maestros, los falsos sacerdotes y la idolatría indolente del pueblo luego de siglos de advertencia a través de sus líderes y profetas, traería serias consecuencias sobre Israel. Sin embargo, Dios sabía que entre los que se llamaban Su pueblo había muchos que realmente no eran fieles a Él, porque rompieron el pacto.

En medio de esta situación, aún existía un remanente, un grupo de creyentes que siguen y aman a Dios y lo obedecen. Esta gente necesitaría esperar, pues el juicio y los tiempos difíciles que vendrían sobre Israel, las consecuencias del pueblo, también afectarían al remanente. Me imagino que en medio de todo esto, los que sabían que la Palabra de Dios siempre se cumple, que estaban cansados de vivir tanta corrupción e injusticia, quienes habían sido víctimas de la hipocresía, el abuso y la injusticia, no tenían situaciones tan distintas a los creyentes verdaderos hoy.

Tengo que confesar que he perdido muchas noches de sueño al pensar en la injusticia del mundo e incluso en cómo el mismo pueblo de Dios hoy, la Iglesia, se ha desviado del Altísimo en pos de falsos maestros y profetas, tras una falsa prosperidad financiera que solo beneficia a los que la predican, y donde detrás hay personas que les dicen lo que quieren oír y no la Palabra de Dios. En Isaías 40:27-3 (NVI) Dios hace una promesa a los fieles de Su pueblo. En ella podemos encontrar esperanza porque Dios no cambia. Léela detenidamente:

> «¿Por qué murmuras, Jacob?
> ¿Por qué refunfuñas, Israel:
> "Mi camino está escondido del Señor;
> mi Dios ignora mi derecho"?
> ¿Acaso no lo sabes?
> ¿Acaso no te has enterado?
> El SEÑOR es el Dios eterno,
> creador de los confines de la tierra.
> No se cansa ni se fatiga,
> y su inteligencia es insondable.
> Él fortalece al cansado
> y acrecienta las fuerzas del débil.
> Aun los jóvenes se cansan, se fatigan,
> y los muchachos tropiezan y caen;
> pero los que confían en el SEÑOR
> renovarán sus fuerzas;
> volarán como las águilas:
> correrán y no se fatigarán,
> caminarán y no se cansarán».

Puedes dormir porque Dios no duerme

Aunque Dios nos asignó responsabilidades como seres humanos; el control y el sostén del mundo no reposa en nosotros, sino en Él. Ese es un tema repetido en toda la Escritura (Sal. 24:12,121). Dios ha sostenido el universo, desde su creación. El Señor ha respaldado tu vida desde tu nacimiento. El Todopoderoso ha cuidado a tu esposo desde el vientre de su madre, conoce a tus hijos desde que los formó y los conoció, antes de la fundación del mundo. Él es quien cuida el mundo. Puedes dormir, porque Él no lo hace.

Dios cuida de Su Iglesia. Las situaciones de ella están en Sus manos. La corrupción que pueda infiltrarse tiene un fin porque Dios tiene el control de lo que a nosotros nos parece caos. Él no ha abandonado NUNCA a los suyos ni a Su creación.

Reflexiona:

Escribe en un papel las cuestiones que te preocupan en estos días, grandes y pequeñas. Desde problemas mundiales e internacionales hasta asuntos escolares de tus hijos. No importa si es grande o pequeño, escríbelo en un diario o un pedazo de papel. Luego, ponlo dentro de tu Biblia y ora por estas cosas. Al final de tu listado, copia los versículos de Isaías 40 que compartimos y ora recordando que puedes dormir porque Dios no lo hace. Muchos pensamos que todo nuestro cuerpo «descansa al dormir». Sin embargo, aun cuando dormimos, el cerebro, el corazón y el resto de nuestros órganos continúan su funcionamiento. ¡DIOS HACE ESO! Y es una muestra de que Dios te sostiene. Nadie se va a dormir pensando: *¡Es que si me duermo mi corazón dejará de funcionar!* ¿Ves qué tan irracional es nuestra falsa percepción de control?

Efectos de la fatiga

La falta de sueño no solo afecta o hace más vulnerable nuestro sistema inmunitario y su capacidad de respuesta. Cuanto menos duermes más te enfermas y más difícil es la recuperación. También afecta la longevidad. Estudios en «zonas azules» o lugares del mundo con un alto número de personas que viven unos 100 años, tienen el factor común del sueño, los de este grupo longevo duermen entre 8-10 horas. Ellos se levantan con el amanecer y duermen al anochecer, lo cual es coherente con los ritmos circadianos. Estos son los ciclos de 24 horas del reloj biológico interno del ser humano, que regula los procesos y las funciones del cuerpo. Dios es un increíble diseñador de toda la creación y su orden es perfecto. Creó un mundo donde habitaría el ser humano regulado por ciclos de 24 horas y el reloj interno de su cuerpo está diseñado para funcionar en un ciclo equivalente.

Las enfermedades y el descanso

Las personas con malos hábitos y problemas de sueño tienden a enfermarse mucho más que quienes tienen un sueño regular. Un estudio finlandés indica que los hombres con problemas de sueño se enferman 6,5 veces más que los que duermen bien. Para las mujeres, la estadística es 3,5 veces más. A pesar de que las necesidades de tiempo de sueño varían, sí está demostrado que los que duermen tiempos promedios recomendados tienden a vivir más y con mejor calidad de vida.[1]

El descanso también regula el estado anímico y la vitalidad, que es el sentido de energía física y mental requerido para cumplir con las tareas diarias. Así mismo, los procesos de aprendizaje, la productividad y la memoria son afectados por el descanso. ¿No te ha pasado que vas a la cama con un problema o algo que resolver y en la mañana al despertarte, de la nada, piensas en la solución?

Al haber examinado el corazón y la raíz de muchas de nuestras dificultades de sueño, también existen aspectos prácticos y físicos que podemos analizar. Necesitamos hacer ajustes, pero la consistencia es vital para corregir los trastornos de sueño padecidos por años. Es no solo posible, sino que también

1. International Self-Care Foundation. *«A brief history of self-care»* [Una historia breve del autocuidado]. (s.f.). Recuperado de https://isfglobal.org/what-is-self-care/a-brief-history-of-self-care/

¡Dios exige que descansemos! Él es tu ayudador y, por tanto, puedes avanzar hacia tu sanidad y orden respecto al descanso:

- Entiende tus necesidades personales de sueño. No todos necesitan la misma cantidad de horas, pero sigue las guías y sugerencias generales.

- Necesitas dormir entre 7-8 horas con poca o ninguna interrupción del sueño para tener un descanso reparador. Es evidente que hay épocas de la vida cuando esto no es posible: si alguien en la casa está enfermo, si hay un bebé recién nacido, si hay un proyecto que entregar. Sin embargo, dormir menos no debe convertirse en una costumbre. Recuerdo que era un orgullo para mí decir que solo dormía unas cuatro horas y de manera interrumpida. Hasta que me enfermé después de llevar estos hábitos por casi 20 años. No dormir de acuerdo con los lineamientos médicos, que al final solo responden al diseño de Dios para nuestros cuerpos, es un acto de rebeldía contra Él. Y eso nunca funciona bien ni trae consecuencias positivas.

- Habla con un médico si tienes problemas de sueño. Nunca es tarde para resolverlo, pero por favor, ¡NO TE AUTOMEDIQUES NI TE AUTODIAGNOSTIQUES!

- Ten un horario fijo para dormir. Aunque no puedas cumplirlo todos los días, desarrolla un rango de sueño y ten una hora fija de ir a la cama y de despertarte, aun en días que no haya trabajo. El diseño de nuestro cuerpo agradece estas rutinas.

- Baja las luces.

- Bloquea la luz de la calle. La habitación debe estar oscura.

- Si es necesario, utiliza tapones para los oídos o máscara para bloquear la luz.

- Regula la temperatura del cuarto.

- Usa ropas cómodas para dormir.

- Apaga los dispositivos electrónicos y las pantallas por lo menos dos horas antes de dormir. No puedo enfatizar lo suficiente este punto. La luz azul y la mayoría de las aplicaciones están diseñadas para ser casi adictivas, así que no puedes despegarte de ellas. Sin embargo, eso tiene efectos sobre tu cerebro y tu cuerpo con consecuencias e impacto directo en tu sueño.

- Ora y medita en la Palabra de Dios antes de dormir.

- Haz ejercicios de respiración para ayudar a calmar tu sistema nervioso y recordarle a tu cuerpo que es momento de descansar.

- Trata de ponerle fin a tus responsabilidades a una hora del día. No dejes deberes que requieran que trabajes hasta el último minuto antes de dormir.

- Lee antes de ir a la cama.

- Elimina la cafeína unas 6 horas antes de ir a la cama. Este es el tiempo promedio que toma al cuerpo eliminarla. Productos como bebidas carbonatadas con cafeína, café, algunos tipos de té, etc., exacerban el sistema nervioso.

- Elimina los azúcares unas horas antes de ir a la cama. El azúcar tiene un efecto similar al de la cafeína.

- La edad afecta el sueño. Las diferentes etapas de la vida requieren una cantidad específica de sueño para un funcionamiento apropiado de acuerdo con esa edad.

- Consumo de alcohol. El alcohol puede brindar al inicio un engañoso sentido de tranquilidad y calma, pero en realidad, finalmente, produce el efecto contrario sobre tu sistema nervioso y tu sueño.

- Cuida lo que comes antes de dormir. Todos hemos comido de más para luego darnos cuenta de que no podemos dormir. Si puedes ajustar tus hábitos alimentarios para evitar comer pesado en las noches o hacerlo más temprano, esto te ayudará a descansar mejor y probablemente a perder unas libras de más.

- Puedes utilizar ruido blanco. Existen listados de canciones y aplicaciones que ponen música de fondo para dormir o sonidos de la naturaleza; de bosques, manantiales, playas y lluvia. Estas son herramientas útiles que te pueden ayudar.

- Aprende a manejar los tiempos de crisis. Habla con alguien. Y antes de dormir, declárale TODAS tus preocupaciones a Dios. Él puede manejarlas sin tu ayuda. Él cuida de ti.

- Hoy en día los teléfonos inteligentes tienen aplicaciones que te ayudan a mejorar tus hábitos de sueño: desde el bloqueo de llamadas y mensajes entrantes a partir de una hora específica hasta un registro cada noche de cuánto duermes. Son ayudas tecnológicas que pueden ayudarte a ordenar tu tiempo de descanso.

El descanso ajeno

Como mencionamos antes, el descanso incluye mucho más que solo dormir. El mandato de Dios de tomar un día de descanso a la semana implica también dar ese reposo a los demás que trabajan para nosotros y viven con nosotros (Ex. 20:8-11; Deut. 5:12-15). Si tienes ayuda para el cuidado de la casa, asegúrate de que esa persona, de manera justa, pueda descansar por un periodo completo consecutivo de 24 horas. En mi país de origen hay una cadena de supermercados muy próspera que no trabaja los domingos. Tampoco labora en ciertos feriados que, aun cuando pudieran significar un gran ingreso económico, deciden otorgar el descanso a sus empleados. Dios ha bendecido esta empresa en su obediencia al honrar Su Palabra. Ponte en lugar de tus empleados y piensa cómo los tratas. Provee descanso de sus jornadas laborales de la misma forma que te gustaría que lo hicieran contigo y con tus propios hijos.

En conclusión, la aceptación es clave. Saber que no tienes el control de nada y que Dios, el único capaz, tiene control, cuidado y le importa tu vida y el mundo, debe ser tu principal motivación para dormir y descansar. Una vez más, piensa: «Puedo dormir, porque Dios no lo hace». Descansa en Él.

Reflexiona:

1. ¿En qué áreas respecto al descanso necesitas ayuda?

   ____

   ____

   ____

2. ¿Qué mentalidad o forma de pensar te impide descansar correctamente?

3. Escribe tres malos hábitos de los mencionados en este capítulo que afectan tu descanso.

   ____

   ____

   ____

4. De las anteriormente descritas:

   a. Escribe un aspecto principal del descanso en el cual te enfocarás las próximas dos semanas

      ____

   b. ¿A quién le rendirás cuentas? Escribe el nombre y comunícale a esta persona solicitando su apoyo. Oren juntos ____________

      ____

Escribe un versículo bíblico sobre dormir que te recuerde que es parte del buen diseño y la voluntad de Dios para tu vida:

____

____

____

____

____

____

CAPÍTULO 6

Cuida tus emociones

«Ninguna emoción es, en sí misma, un juicio; en ese sentido todas las emociones y sentimientos no son lógicos. Pero pueden ser razonables e irrazonables según se conformen o no a la razón. El corazón nunca toma el lugar de la cabeza; pero puede, y debe, obedecerla».

C. S. Lewis

Soy ingeniera civil de profesión y estudié una maestría en ingeniería. Trabajé en mi carrera por una década antes de ser misionera. Una de mis motivaciones principales para escoger estas áreas académicas y de trabajo es porque me apasiona analizar los problemas para encontrar soluciones, evitarlos y reparar lo que no marcha bien. Esta no es necesariamente una costumbre que puedo extrapolar a otras áreas, en especial la vida cristiana y las relaciones de discipulado. Las personas no son un proyecto personal de reparación ni un contratiempo que resolver. Dios nos manda a amar (Mat. 22:36-40); a acompañar a los demás en sus dificultades y a ser compasivos (1 Ped. 3:8). Él nos ha entregado el ministerio de la reconciliación (1 Cor. 5:11–6:2); no nos ha dado el ministerio de la reparación ni de la restauración de personas, pues solo Dios restaura. Solo Él puede llegar a la fibra más profunda del corazón; nosotros somos simples instrumentos en Su mano, Él es el restaurador. Entender esto me ayudó mucho en el proceso de ordenar mis emociones.

En la época de mi vida en que luché por cuatro años con un tipo de depresión que me afectaba, investigué y busqué en fuentes científicas y en libros cristianos sobre la depresión y la ansiedad. Me di cuenta de que a muchos cristianos, sobre todo los que somos líderes o parecemos cristianos firmes, nos aterroriza reconocer que estamos en esa situación. En la Biblia, muchos de los ministros fieles del Señor atravesaron por períodos que describen claramente una depresión: Elías, Jeremías y David son solo algunos ejemplos. Ministros de Dios como Charles Spurgeon, conocido como el príncipe de los predicadores, pasaban semanas sin salir de la cama. Los que estamos en el ministerio o somos «cristianos maduros» tendemos a repetirnos discursos falsos que parecen ciertos: «Tienes que ser fuerte por amor a los débiles o más jóvenes en la fe». La vulnerabilidad y el reconocimiento de que somos polvo es clave para una vida emocional en orden. Cristo, el ejemplo perfecto de orden, experimentó diversas emociones: tristeza por la pérdida (Juan 11:35); gozo y alegría (Juan 15:10-11); indignación (Mat. 7:15); ira (Mat. 23:33); frustración (Mat. 17:17). Jesús atravesó y experimentó en diversas ocasiones cada una de estas emociones, aunque sin pecado. Esto permite que, aun hoy, pueda compadecerse de nosotros, como nos lo recuerda el autor de Hebreos 4:15 (NBLA): «Porque no tenemos un Sumo Sacerdote que no pueda compadecerse de nuestras flaquezas, sino Uno que ha sido tentado en todo como *nosotros, pero* sin pecado».

Este es un libro de autocuidado. En el presente da miedo hablar del tema por los abusos, los malos usos y los desastres egocéntricos que se han hecho de un tema tan importante. Uno de los principios bíblicos del autocuidado es contrario a lo que el mundo, las filosofías y el sistema contrario a la vida nos enseña: el principio más importante del autocuidado es la autonegación. En la Biblia, vemos esto en máximas: «... Si alguno quiere venir en pos de mí, niéguese a sí mismo...» (Mat. 16:24, RVR1960; Mar. 8:34; Luc. 9:23), «... el que quiera salvar su vida, la perderá...» (Mat. 16:25, RVR1960). Estas ciertamente son paradojas, pero no son contradicciones.

- Identifica tus emociones. Para poner orden a tus emociones necesitas primero identificarlas. Puede ser que reaccionaste de manera airada y pecaste contra otro, pero al analizarlo te das cuenta de que realmente estás triste. No es una excusa, aunque lidiarás mejor con tus emociones si antes las identificas de modo acertado.

- Reconoce cómo estás delante de Dios. No hay nada que puedas hacer o decir que sorprenda al Señor. Antes de que pienses o hagas algo Él ya lo sabe. Dios solo requiere humildad y honestidad en cuanto a tus emociones (Sal. 139:4).

- Sana. Hay cambios en la vida que duelen, aun así, son parte del proceso de sanidad. Muchos creyentes tienen heridas tan profundas que el sencillo acercamiento de otros produce en ellos una reacción negativa. Las heridas emocionales son causadas por seres humanos pecadores iguales que nosotros. Dios también ha escogido usar a otros pecadores para sanarnos.

- Si tu vida emocional ha estado en desorden por una larga temporada y tus decisiones han sido dirigidas por ellas, necesitarás tiempo y perseverancia para cambiar. Esos hábitos emocionales han tomado años para formarse. Requerirán años para desenmarañarse. Pese a ello, si hay algo que CRISTO GARANTIZA es la esperanza de cambio. Aun los nuevos descubrimientos en neuroplasticidad cerebral confirman esto. El cerebro forma nuevas conexiones, tus emociones pueden cambiar.

- No desperdicies tu dolor. Dios puede utilizar tu experiencia de dolor y sufrimiento para ayudar y consolar a otros (2 Cor. 1:4).

- La persona más popular no es necesariamente la que Dios ha identificado y dotado para acompañarte en este proceso. El indicado tampoco es aquel que te dice lo que DESEAS ESCUCHAR, sino el que te guía con las palabras exactas para crecer. Entonces, busca a alguien confiable, reservado, maduro, intercesor, alguien para quien la Palabra de Dios sea su autoridad.

- No podemos diseñar una respuesta para cada momento o situación que nos genera ansiedad. No obstante, tenemos una persona a quien correr, invariable, soberano, todopoderoso, bueno, con autoridad, con los brazos más seguros del universo.

- No estás solo. No eres el único que lucha con sus emociones y salud mental. En Estados Unidos, reportes poblacionales publicados por la Asociación Estadounidense de Psicología nos arrojan luz al ver la cantidad de personas que buscaron ayuda profesional y que reportan haber experimentado de manera habitual enfermedades y trastornos del ánimo: 85% de la población que buscó ayuda reportó ansiedad; 84% depresión; 57% algún trastorno relacionado con trauma o estrés; 32% trastorno de personalidad y 30% relacionado con el consumo de sustancias o adicciones.[1] Otro reporte emitido por el Instituto Nacional de Salud Mental en Estados Unidos, muestra que el 31,9% de los adolescentes entre 13-18 años experimenta ansiedad.[2] La pandemia de la COVID-19, ha exacerbado estas situaciones en el último año y medio.

- No continúes el ciclo. En Japón se realizó un estudio pequeño que mostró que 70% de las personas que

---

1. Stamm, K., Lin, L. y Christidis, P. «*Mental Disorders Most Treat by Psychologists*» [Los trastornos mentales más tratados por sicólogos]. American Phycological Association. (Marzo 2018, vol. 49, no. 3). Recuperado de https://www.apa.org/monitor/2018/03/datapoint

2. National Institute of Mental Health. «*Any Anxiety Disorder-Statistics*» [Estadísticas de todo tipo de trastornos de ansiedad]. (Noviembre 2017). Recuperado de https://www.nimh.nih.gov/health/statistics/any-anxiety-disorder.shtml

habían recibido maltrato repetían esos patrones.[3] Padres que fueron criados con gritos y golpes airados tenderán a hacer exactamente lo mismo, aunque en su interior detesten la idea. Esto no tiene por qué ser así. Si sanamos nuestras heridas emocionales, traumas y hábitos relacionales dañinos podemos romper el ciclo que por generaciones ha azotado familias.

- Lidia con tus traumas. Según la Coalición de Consejería Bíblica, el trauma es «la angustia emocional causada por la memoria recurrente de un evento que horroriza ya sea atestiguado o experimentado. El trauma destruye el mundo [...] debido a esta completa alteración de la vida las víctimas se sienten abrumadas por un sentimiento de falta de significado. Como resultado, se encuentran en constante búsqueda de significado».[4] Experiencias como el abuso, el encarcelamiento personal o de un familiar, la bancarrota, una violación, la manipulación psicológica y el divorcio de los padres pueden marcar a un individuo y desordenar su percepción y expectativas

3. «*Based on answers from 25 respondents, survey finds 70% of adults convicted of abusing own kids were mistreated as children*» [Según las respuestas de 25 encuestados, un sondeo descubre que 70 % de los adultos culpables de abusar de sus propios hijos fueron maltratados en su infancia]. The Japan Times. (30 de marzo de 2019). Recuperado de https://www.japantimes.co.jp/news/2019/03/30/national/survey-finds-70-adults-convicted-abusing-kids-mistreated/

4. Dunham, D. «*Trauma and the Significance of Meaning*» [Trauma y la relevancia del significado] Biblical Counseling Coalition. (9 de agosto de 2017). Recuperado de https://www.biblicalcounselingcoalition.org/2017/08/09/trauma-and-the-significance-of-meaning/.

de la vida. Busca ayuda de consejería bíblica o de un profesional de la salud. Hay esperanza. No olvidarás el trauma, pero dejarás de experimentar el dolor que acarrea y encontrarás deleite en la existencia de este lado de la eternidad, una vida abundante prometida por Cristo para los que creen en Él.

- En su libro *The Body Keeps the Score: Brain, Mind, and Body in the Healing of Trauma* [El cuerpo lleva la cuenta: Cerebro, mente y cuerpo en la sanidad del trauma], el doctor Bessel Van Der Kolk, un médico pionero en los campos de investigación y tratamiento de la neurociencia y el manejo del trauma, habla de cómo los efectos del trauma y de las emociones desordenadas y fuera de control se reflejan en nuestra vida exterior y nuestro cuerpo.[5] Lo mismo sucede con el mundo interior del ser humano. El doctor Miguel Núñez frecuentemente declara: «Si ordenas el mundo interior del hombre, el exterior será puesto en su lugar». Estar completos en Cristo y sanos emocionalmente se refleja en el cuerpo (2 Cor. 4:10).

- Reconoce y destruye tus ídolos. En ocasiones nos sentimos frustrados o airados porque hemos puesto algo en un lugar de importancia que solo pertenece a Dios. En ese caso, tu batalla no es con tus emociones, ellas son solo un indicador. La verdadera lucha es con el ídolo, algo que amas tanto, que anhelas tanto, que ha tomado un lugar de relevancia pecaminoso

---

5. Van der Kolk, Bessel. (2015). *The Body Keeps the Score: Brain, Mind and Body in the Healing of Trauma* [El cuerpo lleva la cuenta: Cerebro, mente y cuerpo en la superación del trauma]. Penguin Publishing Group.

en ti. Puede ser el matrimonio o la soltería, los hijos, tu ministerio, tu trabajo, tus finanzas. Ninguna de estas cuestiones es mala en sí misma. Con todo, no fueron dadas para ser la fuente de propósito y felicidad. Solo Cristo puede serlo. Si has reconocido esta o alguna otra área, toma tiempo para orar. Un corazón con Dios es un corazón honesto.

- Suelta las ofensas. Permanecemos ofendidos porque creemos que tenemos derecho a hacerlo. Aun así, muchas veces esto es contraproducente: nos abrazamos a un ancla como si fuera segura y lo único que hace es hundirnos y dejarnos en el mismo lugar. No avanzamos en nuestra vida emocional porque hay ofensas que nos anclan al pasado, a una persona que nos hizo daño. La realidad es que a los pies de la cruz ninguno de nosotros tiene el derecho de permanecer ofendido. Es algo a lo que renunciamos cuando venimos a Cristo creyendo el evangelio, que incluye perdonar a los que nos ofenden. Respecto al perdón, la razón por la cual DIOS siempre perdona y nos reconcilia es porque Él tiene la capacidad de producir arrepentimiento. Los seres humanos debemos decidir perdonar en todo momento, sin condicionarse a la respuesta del otro, porque no podemos producir arrepentimiento en los demás. Eso no significa que no habrá consecuencias relacionales ni límites necesarios. Sin embargo, el perdón a la luz de la Palabra, de la cruz y a los pies de Cristo, no es opcional ni condicional entre humanos.

- Llora tus pérdidas. Las pérdidas pueden ser de distintos tipos: divorcio, abandono, viudez, empleo, financiera, familiar, ruptura relacional, pérdida de un miembro del cuerpo, muerte de un cónyuge, hijo o padres, pérdida de la juventud y la independencia que viene con el envejecimiento. Es necesario llorar tus pérdidas. Estas serán parte de tu vida y es necesario encontrar la manera de seguir adelante. Dios nos provee Su gracia y a otras personas para caminar con nosotros.

- Toma tiempo para respirar. Cálmate antes de hablar y actuar. No te dejes gobernar por tus emociones; usa tu cabeza.

Hace unos años unos amigos misioneros vivieron una experiencia traumática. A raíz de ese evento, conocimos unos hermanos que tenían un ministerio de entrenar misioneros para prevenir o responder a situaciones de emergencia similares. Los instructores trabajaron como marines en Estados Unidos y entendían que los misioneros estamos constantemente expuestos a áreas de peligros y mayor riesgo de atravesar por situaciones como robos, intentos de secuestro, entre otros (es gracioso que la gente piense que por ser extranjeros tenemos dinero). En esa ocasión recibimos dos días intensivos de entrenamiento sobre qué hacer ante diversas situaciones. Nos advirtieron que una de las peores reacciones ante escenarios de emergencia es la parálisis. Vemos películas y pensamos, ¿cómo pueden mantenerse en calma en momentos de peligro? No es nada místico, pues parte de su entrenamiento es reconocer el miedo y la ansiedad que surge de la adrenalina y la respuesta de lucha y escape con que nuestro cerebro y nuestro cuerpo están diseñados para enfrentar estas circunstancias.

En esos casos ellos enseñan a bajar la frecuencia de su corazón con ejercicios de respiración. Este es el mismo principio que ayudará a alguien asmático (como yo) o que ha atravesado un ataque de pánico (como yo) a estar tranquilo. Ese sentimiento es parte del diseño de Dios para nuestra supervivencia. Aunque, cuando nos azota, ante el eventual peligro o la amenaza emocional percibida, el cuerpo responde, a veces en contra nuestra llevándonos a la parálisis. Modular la respiración puede salvar nuestra vida o calmarnos en el momento en que lo necesitemos. Cuando estamos enojados o frustrados debemos pensar y no solo reaccionar. Según estudios de los Institutos Nacionales de Salud Mental y la revista Fronteras en Neurociencia Humana, esta regulación física-mental nos ayuda a aumentar los sentimientos de tranquilidad, relajación, comodidad, alerta y reduce los sentimientos negativos que ya he mencionado.[6] Para pensar necesitamos aquietar nuestro corazón.

Finalmente, no te dejes gobernar por tus emociones. Ordenarlas implica ponerlas en su lugar. No tomes decisiones basadas en cómo te sientes y no sigas tu corazón porque el corazón del ser humano es engañoso y perverso. Más bien busca consejo y ayuda de otros, llénate de la Palabra de Dios y que ella informe y ordene tus emociones.

6. Zaccaro et al., «*How Breath-Control Can Change Your Life: A Systematic Review on Psycho-Physiological Correlates of Slow Breathing*» [Cómo el control de la respiración puede cambiar tu vida: una revisión sistemática de la correlación sico-fisiológica de la respiración lenta]. (7 de septiembre de 2018). Recuperado de https://www.ncbi.nlm.nih.gov/pmc/articles/PMC6137615/

Reflexiona:

1. ¿Qué áreas de tus emociones has identificado que necesitan orden?

   ____

   ____

   ____

2. De las anteriormente descritas:

   a. Escribe un aspecto principal de tus emociones por el cual buscarás consejo en otro creyente. ______________________

   b. ¿A quién le rendirás cuentas? Escribe el nombre y comunícale a esta persona pidiendo su apoyo. Oren juntos. ______________________

   ____

3. ¿Qué versículo o mandato bíblico viene a tu mente y trae esperanza sobre tu situación emocional? Escríbelo aquí.

____

____

____

____

____

____

CAPÍTULO 7

Cuida tu vida espiritual

—

Para tener una vida espiritual en orden, lo primero que necesitamos evaluar *no* es lo que *hacemos,* sino lo que creemos. Aunque hayas asistido a la iglesia o sido cristiano por muchos años, si quieres ordenar esa área de tu vida, tómate un momento para evaluar si en verdad has entendido el evangelio.

Aunque parezca increíble, cada vez que le pregunto a creyentes: «¿qué es el evangelio?», muchos no saben cómo responder. Si les pregunto, ¿por qué debe Dios conferirte entrada al cielo?, las respuestas que recibimos no son bíblicas y evidencian que innumerables iglesias están llenas de personas que no son verdaderos creyentes. Una relación auténtica con Dios se basa completamente en un entendimiento correcto del evangelio y obediencia a lo que se dice creer. Puede ser que la mayoría de tus luchas estén ahí porque tu vida cristiana está basada en el moralismo o el legalismo, pero ninguna de estas tendencias otorga salvación y libertad en Cristo. El moralismo le indica a tu mente: «Si llevas una vida moral buena puedes obtener o mantener tu salvación». Aunque la vida de un cristiano genuino se evidencia en su caminar en esta tierra, una existencia correcta es solo fruto de haber creído en Cristo, pero no es la fórmula ni lo que te habilita delante de los ojos de Dios para entrar al cielo.

Por otro lado, muchos creyentes creen que mientras más reglas y obras hagan para Dios más se ganan o mantienen su salvación; esto no es la gracia bíblica. Hacemos reglas de instrucciones que Dios no dio en la Biblia. Así, le agregamos a la Palabra de Dios o la interpretamos fuera de contexto. Aun creyentes de iglesias de sana doctrina podemos caer fácilmente en esto, porque no es un problema de teología *per se,* sino uno del corazón orgulloso que insiste en ser y hacer el estándar por el que todos deben ser medidos.

¿Qué es el evangelio?

Todos podemos responder con facilidad que el evangelio es buenas noticias. Ese es el significado de la palabra, pero tiene mayores implicaciones. Lo que por lo general no reconocemos ni aceptamos por completo es que antes de recibir buenas noticias existen primero las malas. Todo ser humano en esta tierra, antes de conocer a Cristo, es un enemigo de Dios, rebelde, orgulloso y está totalmente perdido solo con derecho al infierno. Esas son las malas noticias. Nadie tiene la capacidad en sí mismo de hacer algo para restituir al Creador del universo la ofensa cometida en Su contra. Ningún ser humano podría pagar por otro, porque nadie ha vivido la vida perfecta que otorgue validez a ese pago. Solo por los méritos de Cristo, y no los nuestros, podemos obtener salvación.

El evangelio entonces es:

- Un regalo de Dios. Nadie puede ganárselo ni pagarle a Dios lo que nuestra salvación ha costado. Por mejores obras que hagamos eso no nos gana puntos ante de Dios para salvarnos (Ef. 2:8-9).

- El evangelio es la solución planificada y ejecutada por Dios para resolver el mayor problema y raíz de todas las dificultades del ser humano: el pecado. El evangelio viene del Señor y no por mérito humano (Rom. 1:16-17).

«Porque difícilmente habrá alguien que muera por un justo, aunque tal vez alguno se atreva a morir por el bueno. Pero Dios demuestra su amor para con nosotros, en que siendo aún pecadores, Cristo murió por nosotros. Entonces mucho más, habiendo sido ahora justificados por Su sangre, seremos salvos de la ira *de Dios* por medio de Él» (Rom. 5:7-9, NBLA).

- El evangelio, cuando es verdaderamente creído, se refleja en fe, obediencia y sometimiento en humildad a lo que Dios enseña en Su Palabra (Rom. 1:4-5; Tito 1:1-4).

- El evangelio es verdad. No todo lo que parece sacado de la Biblia es verdad, ni es evangelio. Hoy en día hay un sinnúmero de falsos ministros del Señor que manipulan la Palabra de Dios para ganar seguidores, fama, poder, dinero y gloria personal. Por eso debes leer tu Biblia y estudiarla. Así podrás distinguir si lo que escuchas es en realidad instrucción bíblica y verdad. Recuerda que solo el conocimiento de la verdad nos hace realmente libres (Juan 8:32).

- El evangelio implica arrepentimiento. Debe existir una convicción genuina y sincera de que somos pecadores y necesitamos perdón de Dios. Más allá de esto, el requisito para el perdón es el arrepentimiento, cambiar de rumbo, ponernos de acuerdo con Dios y reconocer lo que Él señala como pecado de la misma forma. De igual manera, admitir que no debemos verlo como algo menos que transgresión (Prov. 28:13; Luc. 13:3; 15:10; Sant. 4:8; 1 Jn. 1:9).

- El evangelio es creer que *solo* por la muerte y la resurrección de Cristo, por gracia, por medio de la fe, somos salvos. Todo descansa en Él y no en nosotros (Ef. 2:8-19).

- El evangelio es esperanza eterna (Juan 10:28-30; 1 Ped. 1:3-12).

¿Qué no es el evangelio?

- No es prosperidad financiera. Eso es una transacción de negocios, y nadie puede negociar, sobornar ni manipular al Dios del universo para cumplir sus deseos egoístas. Él se niega a obrar así. Y les espera un serio juicio de Dios a los que usan el evangelio para ganancia personal injusta manipulando la fe de muchos para beneficio económico. A esto se le ha llamado el evangelio de la prosperidad. Es una mentira y una errónea interpretación bíblica. Si estás en una iglesia donde ese es el énfasis, necesitas reconsiderar lo que has creído a la luz de la Palabra (Prov. 21:6; 1 Tim. 6:4-7; 2 Ped. 2:3).

- No es libertad para pecar intencional y deliberadamente, eso es esclavitud (Rom. 6:1-2,12-14; 1 Cor. 8:9-12; Heb. 10:26-31). No debemos abusar de la gracia. El que peca de modo deliberado porque sabe que Dios perdona, solo refleja que en realidad no ha conocido al Señor ni ha entendido el evangelio.

- No es que Dios esté a tu servicio. Ser hijo de Dios no te otorga «derecho» pecaminoso motivado por el orgullo y el egoísmo. Si bien es cierto que Dios nos promete a Su Espíritu, nos da esperanza de restauración completa y de reinar un día a Su lado, estos no son beneficios que reclamamos como un derecho de este lado de la eternidad. Por el contrario, esas promesas deben movernos a vivir en santidad, a servir con humildad, predicar el evangelio y edificar la Iglesia de Cristo. Ningún hijo verdadero de Dios se comportará con tal arrogancia ni reclamará ser hijo o hija, princesa o príncipe ni sacerdote del Dios altísimo de forma arrogante y engañosa, sino que reconoce que todo es por gracia, un regalo inmerecido. Los hijos del Señor reflejan la imagen de Cristo, nuestro mayor ejemplo de servicio, sacrificio y humildad (Fil. 2).

- No es una vida libre de problemas ni enfermedades. No obstante, es una promesa de que en toda circunstancia difícil cuentas con la presencia de Dios, el poder de Su Espíritu Santo y la gracia para atravesar cada situación que parezca imposible, con esperanza. Jesús prometió que tendríamos aflicciones, pero exhortó a que confiáramos en Él, quien ha vencido (Juan 16:33). También prometió Su paz en las circunstancias difíciles (Juan 14:27) y que estaría con nosotros hasta el fin del mundo (Mat. 28:20). Podemos descansar en esas promesas.

Finalmente, el ser humano fue creado para Dios y no lo contrario. Por tanto, lo que recibimos del Señor lo vemos como un regalo inmerecido, no como un derecho del que abusar. La salvación y la adopción en Cristo son el regalo de Dios que hemos recibido, una gracia invaluable que todo el que cree en Él recibe. Si eres creyente eres Su hijo. Eso debe llevarte a la adoración, en humildad, para aquel que te ha salvado ¡Aleluya!

La comunidad cristiana y la familia

No hay nada espiritual en descuidar la familia y priorizar la iglesia. Tampoco es de orden bíblico que nos neguemos a congregarnos y a formar una comunidad genuina con otros creyentes. Puedes ser alguien sumamente disciplinado y tener tu vida en desorden. Si el trabajo va por encima de las personas, sobre todo de las relaciones más valiosas que Dios te ha dado (pareja, hijos, padres, iglesia, amigos), entonces tu vida no está en orden. Si lograr tus objetivos implica pasarles por encima a todos los demás a tu alrededor y que tus relaciones sean víctimas de negligencia, hay un problema. ¿Por qué? El gran mandamiento tiene dos partes: amar a Dios y amar a los demás. Esto resume toda la ley de Dios. Una existencia llena de tareas y exitosa en hacerlas no es vida real. Vivir es relacionarse y cumplir un propósito de Dios, que siempre incluye relaciones. Sin embargo, estas no son un medio para cumplir tu meta de vida (eso es usar a las personas y está motivado por pecado de egoísmo y orgullo). Las relaciones son el fin: amar a Dios y glorificarlo a través de una relación vertical en orden que se refleja en relaciones horizontales ordenadas. Es decir, la relación con Dios es la más importante.

Si no lo amas correctamente no podrás amar a los demás. Es una contradicción y un autoengaño suponer que puedes amar a Dios sin amar a los demás y negándoles entrada a tu vida (1 Jn. 4:20), sin confesar tus pecados a otros (Sant. 5:16; 1 Jn. 1:9), sin buscar consejo de los demás. No existe un cristiano independiente del cuerpo de Cristo en la descripción bíblica.

No juegues con el pecado

- Pelea contra el pecado en ti. Susana Wesley habló del pecado y de cómo enseñaba a sus hijos sobre él. Ella lo definió de la siguiente manera: «Pecado es cualquier cosa que debilite tu razonamiento, altere la sensibilidad de tu conciencia, oscurezca tu apreciación de Dios, o te quite la pasión por las cosas espirituales. En pocas palabras, cualquier cosa que aumente el poder o la autoridad de la carne sobre tu espíritu [...] eso para ti se convierte en pecado, independientemente de cuán bueno sea en sí mismo».[1]

- La ley de la tierra versus la ley de Dios. Al dar Su ley al pueblo de Israel, la intención de Dios era que ella ordenara la vida comunitaria del ser humano. El problema surge cuando las leyes humanas desafían la de Dios. Hemos dicho, que para tener una vida espiritual ordenada, necesitamos evaluar primero no lo que hacemos, sino lo que creemos. Si creemos que

1. Nuñez, Miguel. *Las 10 leyes del pecado*. Coalición por el evangelio. (22 de agosto de 2014). Recuperado de https://www.coalicionporelevangelio.org/articulo/las-10-leyes-del-pecado/

las leyes humanas injustas son superiores a la de Dios tenemos un serio problema. Por ejemplo, si crees que el aborto es un derecho por encima de lo que la Palabra de Dios enseña, eso es rebelión contra Él.

- Cuida lo que crees. Que algo sea legal no significa que sea moral a los ojos de Dios. El creyente está llamado a vivir en rectitud, pero es evidente que el pecado lanza una lucha implacable que nos hace dudar de las intenciones y los decretos del Creador, cuando afirma: «¿Es verdad que Dios les dijo...?» (Gén. 3:1, NVI). Es preciso mantener una perspectiva bíblica y no una opinión popular sobre temas neurálgicos como el aborto, el matrimonio entre personas del mismo sexo.

- El pecado nos separa y daña nuestra relación con Dios. Invertiremos menos tiempo y energía si reconocemos y nos arrepentimos de nuestras transgresiones en comparación a lo que requeriremos para justificarlo, minimizarlo y racionalizarlo. Aceptar la verdad y enfrentarla es el primer paso a la libertad (Juan 8:32). No debemos:

    - Justificar el pecado

    - Minimizar el pecado

    - Racionalizar el pecado

Muchos confunden el arrepentimiento con el remordimiento. Entender la diferencia y sus efectos nos puede llevar a la verdad:

Arrepentimiento	Remordimiento
Nos permite reconocer la realidad de manera objetiva.	Nos lleva a distorsionar la realidad con los sentimientos y las emociones.
Efecto eterno.	Efecto temporal.
Nos permite enfocarnos en el sacrificio de la cruz.	Nos hace andar círculos y nos aleja de Dios, nuestra única solución.
«Dios me dará la gracia para enfrentar las consecuencias».	«Debo evitar las consecuencias cueste lo que cueste. Nadie puede enterarse, aunque me siento mal por esto».
Me duele haber ofendido a Dios y Su nombre.	¿Qué dirán los demás si se enteran?

- Establece y persevera en las disciplinas espirituales: la lectura, la meditación y el estudio de la Palabra, la oración, la comunión con otros creyentes, el congregarse, el servicio en la iglesia y a los más necesitados de la sociedad, la generosidad, la hospitalidad, el silencio y la quietud son hábitos que necesitamos desarrollar y en los cuales debemos permanecer. Ellos nos ayudarán a vivir libremente y en orden.

Evalúa tu vida y toma un tiempo para orar. Que Dios te revele las áreas de tu crecimiento espiritual que requieren orden y te dé la valentía y la humildad para buscar ayuda en el cuerpo de Cristo.

Conoce a Dios

Finalmente, muchos conocemos historias sobre Dios. Si no has leído toda la Biblia, es probable que conozcas a Dios parcialmente, solo habrás aprendido algunos aspectos de Su carácter. Si te alimentas de manera exclusiva de lo que escuchas en la iglesia, quizás necesites pasar más tiempo personal con la Biblia y con otros creyentes. Así conocerás al Señor de primera mano y no solo por medio de lo que otros te han referido. Conocer a Dios es lo único que te llevará a amarlo.

Reflexiona:

1. ¿Qué áreas de tu vida espiritual has identificado que necesitas ordenar?

    ____

    ____

    ____

2. Si has identificado que te hace falta rendir tu vida a Cristo porque tenías una perspectiva distorsionada del evangelio, llama a algún creyente maduro que conozcas y conversen al respecto. Escribe el nombre y comunícale a esa persona pidiendo su apoyo. Oren juntos. ______________________________

    ____

3. ¿En qué áreas de tu vida o situaciones recientes identificas que has pecado contra Dios o contra alguien y necesitas arrepentirte sinceramente? Escríbelo más abajo y toma tiempo para orar y pedir al Espíritu Santo que te dé arrepentimiento.

Escribe y memoriza un versículo de la Biblia sobre el arrepentimiento verdadero.

____

____

____

____

____

____

CAPÍTULO 8

Cuida tus decisiones

«Cuando se pierde la riqueza, no se pierde nada; cuando se pierde la salud, se pierde algo; cuando se pierde el carácter, se pierde todo».

Billy Graham

Nuestras decisiones construyen y destruyen nuestra vida. Karen S. Prior, en su libro *On Reading Well* [Respecto a leer bien], afirma: «La ética basada en virtud más que proferir un set rígido de reglas por el cual determinar las decisiones o a través de considerar las consecuencias o resultados de una decisión, descansa en el carácter moral, desarrollado a través de buenos hábitos, para el gobierno del comportamiento».[1]

1. Prior, Karen S. (2018). *On Reading Well* [Respecto a leer bien]. Bakers Publishing Group.

La búsqueda del placer ha obsesionado a nuestra generación. Creemos que lo que nos otorga placer también nos dará felicidad. Existe una diferencia enorme entre el placer y la felicidad. En incontables oportunidades, la búsqueda del placer es lo que gobierna y determina nuestras decisiones. En innumerables ocasiones hemos comprobado dolorosamente que estábamos equivocados. Tu vida será el resultado de tus decisiones. Como no vivimos aislados, muchos haremos que los que más amamos acarreen las consecuencias de esas elecciones con nosotros.

Perspectiva de las consecuencias

Nuestra generación reclama derechos. Estoy convencida de que el sentirse con derechos, sin asumir responsabilidades, es nuestro mayor problema, es una expresión del orgullo. Lo vemos dentro y fuera de la Iglesia de Cristo.

Las consecuencias son buenas maestras. En mi país afirmamos: «Nadie aprende en cabeza ajena». La mayoría de nosotros, si somos crudamente honestos, podemos reconocer nuestra terquedad y las incontables veces que se nos ha advertido sobre las consecuencias de una decisión o de no tomar una determinación necesaria. En muchos casos por ignorancia, en otros por prepotencia. Todos sufrimos las consecuencias de nuestros pecados y malas decisiones. Por lo general, esto también afecta a otros. Aunque siempre resulta más fácil reconocer y herirnos cuando vivimos las consecuencias de nuestro pecado mientras tendemos a minimizar y negar cuando los efectos de nuestras transgresiones alcanzan a otros.

Richard Weaver escribió un libro titulado *Las ideas tienen consecuencias* en el que sostiene que «el desorden en una o múltiples áreas de la vida es una consecuencia de pequeñas malas decisiones».[2] Todos lo sabemos. En mi caso, mi obesidad fue consecuencia de comer una cantidad descontrolada de dulces, durante años de estrés y depresión. Parte de mis enfermedades eran por haber espiritualizado el trabajo arduo y en exceso o, como lo llama la Biblia, el afán (traducción: adicción al trabajo y a los logros) y solo dormir máximo cuatro horas interrumpidas por noche.

- Acepta tus malas decisiones relacionales y haz el esfuerzo de corregirlas. Dios nunca se hace de la vista gorda cuando pecamos contra Él o contra otros. Que Él perdone los pecados no significa que no los juzgará (Él lo hará), que no tendrá un costo (siempre lo tiene), que no habrá consecuencias (visibles o imperceptibles al ojo humano, siempre las hay). Tampoco significa que Dios no lo ve o no le importa. Por más pequeños que parezcan ante el ser humano sus pecados (con frecuencia minimizados y llamados errores, al final la Biblia los llama pecado. Por ejemplo, en Levítico, cuando alguien

2. Weaver, Richard M. (2011). *Las ideas tienen consecuencias.* El Buey Mudo.

por accidente mataba a otro o dañaba su propiedad había consecuencias, pero se le llama pecado o transgresión, que acarrea el mismo significado).

- Dios te ve. Él ve tus decisiones y las motivaciones detrás de ellas. Uno de los nombres de Dios es El-Roí, el que ve. Esto nos recuerda Su omnisciencia, no solo el temor de las consecuencias (que también es necesario que tengamos). El temor mayor es ofenderlo, representarlo mal ante el mundo, irrespetar Su santidad al violentar un aspecto intrínseco de Su naturaleza.

- Renuncia al egoísmo como el motor de tus decisiones. Reconócelo. Veo afirmaciones en medios sociales que son completamente antibíblicas y que prometen el camino a la felicidad: «Ya me di cuenta de que hay que ser egoísta». Eso no es bíblico. Lo que comprendiste es que debes establecer límites. El Señor lo hizo. Si un cristiano supone que para ser feliz debe tener una actitud de «no me importa», esta mal.

- El camino hacia la plenitud y la felicidad es uno de dar y no de recibir egoístamente, de vivir para Dios y no de confundir que Dios esté por mí con que Él me haga el centro de Su reino.

- Decide obedecer a Dios. El Señor es sumamente claro en Su Palabra respecto a cómo debemos vivir. Mi obediencia es una condición y un comprobante de la verdad y la autenticidad de mi fe.

- Piensa y pregúntale a Dios. La Biblia nos provee la sabiduría necesaria para toda situación. No encontrarás la respuesta a con quién debes casarte, pero sí lo que debe caracterizar a un cristiano auténtico y a una persona cuyo caminar agrada a Dios.

- Piensa en las consecuencias.
  - ¿Qué consecuencias o beneficios tendrá para otros esta decisión?
  - ¿Qué consecuencias o beneficios tendrá para mí?
- Busca consejo, la Escritura nos enseña que en la multitud de consejeros hay sabiduría. Debes prestar atención a en qué tipo de personas buscas el consejo. Procurarlo en jóvenes o en quienes no nos van a contradecir nunca, no es sabio. Rodearte de aquellos que le dicen que sí a todo lo que piensas y no te hacen preguntas ni retan tus pensamientos, tampoco es sabio.
- Tómate tu tiempo. A veces las decisiones pueden esperar y en ocasiones deben hacerlo. Tomar decisiones en un arranque pocas veces resulta en una vida más plena y pacífica. Todo lo contrario, nos lleva a sentirnos inseguros, ansiosos y a no ponderar las consecuencias de una decisión determinada.
- Decide no tomar decisiones por reacción, enojo o frustración.
- No tomes decisiones cruciales para tu vida en tiempos de estrés y caos. No resuelvas casarte con alguien porque tienes conflicto en la casa ni abandonar a tu esposo porque las situaciones se pusieron difíciles. No decidas irte de tu iglesia porque tienes un desacuerdo con alguien. No renuncies a tu trabajo porque te enojaste con tu jefe. Si tienes muchos días

sin dormir bien ni descansar, no tomes decisiones trascendentales porque esto nubla tu juicio.

Cuida tus finanzas. Dios es dueño de todo. De todo.

Para tratar este tema se necesitaría un libro completo. El área financiera es probablemente una de las más desordenadas en los creyentes. Aunque la raíz del problema es el corazón y su deseo insaciable, falta de conocimiento y sabiduría en entender que todo lo que poseemos le pertenece a Dios; vinimos al mundo sin nada y sin nada lo dejaremos. Nada nos pertenece. Él ha puesto a los seres humanos como administradores de nuestros dones y recursos (1 Ped. 4:10). Dios ha dotado a cada uno de dones para trabajar, proveer para los suyos y aportar al florecimiento de su comunidad (Ef. 4:8). Tal vez has pensado que si tuvieras mejor salario estarías menos estresado. Si contaras con tanto dinero como los millonarios del planeta, ¿qué harías con esos recursos? Si pensamos en nuestra historia, cuando ganábamos menos quizás pensábamos lo mismo. Años después, una vez más tratamos de llegar a fin de mes o enfrentamos deudas.

- Presupuesto: la correcta administración de tus bienes ya sea que tengas poco o mucho, es un regalo de Dios. Sin embargo, de todo eso Él nos pedirá cuentas. Los límites financieros son parte de la vida en la tierra. El principio es en verdad sencillo: no gastes todo lo que ganas ni gastes más de lo que ganas. Vivir de otra manera es irresponsable y la Biblia lo cataloga como necedad. Muchas veces nuestras familias completas sufren por cobradores compulsivos, los hijos responden llamadas del banco y sometemos a nuestros seres queridos a un estrés emocional innecesario como consecuencia de nuestro desorden. Gastar el dinero es fácil, pero el costo emocional, espiritual y financiero de las deudas es realmente alto, no solo para nosotros mismos, sino también para nuestra familia. Hacer un presupuesto y llevarlo a cabo no es fácil, pero es sabio y responsable (Luc. 14:28).

- Necesidades versus deseos: aprender a distinguir entre estos dos es vital para el orden de tus finanzas. Con frecuencia pensamos que el dinero no nos alcanza porque tenemos deseos incumplidos y, aunque nuestras necesidades están cubiertas, nos sentimos insatisfechos. Esto no nos permite tener un corazón agradecido con Dios por lo recibido. Si tienes un techo sobre tu cabeza, ropa sobre tu cuerpo y comiste tres comidas ayer, eres privilegiado. Esta es una muestra de que el Señor ha sido fiel. Hoy en día, todavía hay 2,2 billones de personas, casi un tercio de la población mundial, que no tiene acceso a agua potable. Nuestros deseos son infinitos. El ser humano nunca estará completamente satisfecho de este lado de la eternidad. Necesitas pensar y asumir una actitud agradecida por lo que tienes hoy y no caer esclavo de tus deseos.

- Deudas: haz un listado de tus deudas formales e informales. Si has asumido una deuda, la Palabra de Dios nos instruye a pagar lo que debemos, de hecho, llama malvados a los que piden prestado y no pagan (Sal. 37:21). Cuando nos negamos a reajustar nuestro estilo de vida y pagar nuestras deudas, violentamos la Palabra de Dios y actuamos en contra del prójimo (Rom. 13:6). Pagar tus impuestos es un mandato bíblico. Dios pedirá cuentas a los gobernantes, pero a nosotros nos corresponde ser honestos, ser como Cristo (Rom. 13:7). Por último, cuidado con las tarjetas de crédito. Conozco demasiados creyentes ahogados en las deudas de tarjeta. Estas son difíciles de saldar, pues la forma en que los intereses son calculados está diseñada de forma precisa para esclavizarte. Si tienes tarjeta, siempre paga todo el balance al corte. Si has acumulado deudas, busca a un amigo que pueda asesorarte financieramente sobre cómo saldarla.

- Generosidad: la Biblia nos enseña que los justos dan con generosidad. He sido testigo con gozo. En incontables ocasiones he visto a alguien pobre, con pocos recursos económicos, compartir un pan o un plato de comida. Cuando pensamos en generosidad, creemos por error en dar de nuestra abundancia o de lo que no necesitamos. No obstante, la generosidad viene de un corazón que reconoce que lo dado hoy por Dios es suficiente y que Él tiene el mañana en Sus manos. El Señor ha provisto la sabiduría para administrar lo que Él nos ha otorgado (Prov. 11:25; Luc. 6:30; 2 Cor. 8:12; 9:7).

- Rendición de cuentas: Busca ayuda de alguien en tu congregación, o un amigo, un cristiano maduro que tenga buen manejo financiero. Sé honesto y pídele que te ayude a rendir cuentas regularmente (cada mes o quincena) respecto a tu presupuesto y el pago de tus deudas.

- Ahorra: sé sabio para el futuro. No acumules de manera innecesaria, pero si las hormigas se preparan para el invierno (Prov. 30:25), el ser humano debe aprender a ahorrar para los tiempos difíciles que son parte de la vida debajo del sol (Prov. 13:11).

Aceptar tus límites financieros, tener contentamiento con lo que Dios provee cada mes y estar agradecido desde lo más profundo por lo mucho o lo poco que tengas, traerá paz a tu corazón y a tu vida. Todo esto, porque sabes que Él ha prometido proveer en cada una de tus necesidades (Mat. 6:26-33). Dios es bueno y fiel.

Ordena tu vida legal

Esta es un área que muchos cristianos no prevén y dejan a sus familiares con problemas serios, aun relaciones destruidas por no tener sus asuntos en orden. Nadie sabe cuándo será su último día. Procura que cuando eso suceda tu vida esté en orden para honrar a Dios y por amor a los que dejas atrás.

En una ocasión vinieron a Jesús por un impuesto que supuestamente Él y Pedro debían (Mat. 17:24-27). La situación de los judíos era difícil, pues tenían la obligación de pagar impuestos tanto a las autoridades judías como al gobierno romano. Jesús cuestiona la legitimidad del cargo. Sin embargo, la respuesta del Señor no fue iniciar una revolución, sino pagar. Estas situaciones nos quedan como ejemplo a seguir.

- Papeles de carro: registro de carro, licencia de conducir al día y pago de multas. Como creyentes debemos tener un carácter irreprochable.

- Seguro médico y seguro de vida. Si puedes pagarlo, obtén un seguro médico. Si no puedes hacerlo o las aseguradoras no te cubren, separa un fondo para emergencias de salud.

- Documentos de propiedad de carro, casa, etc.

- Pasaportes y visas. Haz una lista y ten en tu correo electrónico o en un archivo en la nube la copia de los documentos de nacimiento, fotocopia de pasaporte y visas importantes de cada miembro de tu familia.

- Si tienes una situación legal pendiente, resuélvela «... en cuanto dependa de ustedes, vivan en paz con todos» (Rom. 12:18, NVI). Trata de cerrar ciclos y, si requieres mediación, hazlo. Estos procesos toman su tiempo y el Señor conoce cada uno de tus pasos.

- Testamento o última voluntad: demasiadas familias han quedado con problemas serios o con conflictos por falta de claridad y justa distribución de las herencias. La ganancia financiera no es comparable con las rupturas familiares que se dan por esta razón. Sé justo y ordenado sin mostrar parcialidad. Piensa que nada trajimos a este mundo y nada llevaremos. No dejemos problemas ni deudas sin resolver, sino una clara distribución de qué debe hacerse con lo que dejamos cuando Dios nos llame a Su presencia. No sabemos cuándo esto ocurrirá.

- Si tienes hijos, deja por escrito quién sería la persona que se haría cargo de ellos en caso de que algo te pasara.

Confía en Dios. Depende de Dios.

Confía en Dios. En algunas oportunidades nuestros planes se ven frustrados. A pesar de ello, al mirar en retrospectiva un tiempo después, quienes hemos vivido más podemos reconocer que Dios nos ha librado o bendecido al haber dicho no o frustrado un sueño o plan que teníamos. Confía tus decisiones a Él. En mi vida, entre muchas historias, puedo testificar de mi deseo de permanecer en Taiwán sirviendo por el resto de mi vida misionera. Después de haber servido casi nueve años allí, Dios me llamó a Latinoamérica, específicamente a Guatemala. Es una historia larga, pero aquí conocí a mi esposo. Gracias a Dios que a pesar de las lágrimas que derramé por no querer moverme del país, Él sabía lo que hacía: ordenaba mis pasos por mí. Jeremías 10:23 (RVR1960) señala: «Conozco, oh Jehová, que el hombre no es señor de su camino, ni del hombre que camina es el *ordenar* sus pasos». No podemos resistirnos al orden que DIOS mismo establece porque Él sabe mejor que nosotros Sus propósitos. En definitiva, fuiste creado para Dios y existes para Él, no al revés. Creo que el discurso de que Dios es por nosotros ha sido sacado de contexto y hemos reducido al Señor a un sirviente que concede los deseos del ser humano.

Reflexiona:

1. ¿En qué áreas has tomado malas decisiones que necesitas ordenar?

____

____

2. De las anteriormente descritas:

    a. Escribe un aspecto de tus decisiones por el cual buscarás consejo con otro creyente ____

    b. ¿A quién le rendirás cuentas? Escribe el nombre y comunícale a esta persona pidiendo su apoyo. Oren juntos. ____________________
    ____

3. Piensa en las consecuencias que has atravesado por una mala decisión. Escríbelas en este espacio.

____

____

____

4. Confiesa a Dios pidiéndole perdón. Ruega a Dios Su sabiduría y Su guía en lo adelante para tomar decisiones conforme a Su Palabra y Su voluntad.

____

____

____

____

____

____

CAPÍTULO 9

Cuida tu trabajo

> «Lo que haces en tu casa vale tanto como si lo hicieras en el cielo para nuestro Dios [...]. Debemos acostumbrarnos a pensar en nuestra posición y trabajo como sagrados y que complacen a Dios, no basados en la posición o trabajo en sí mismo, pero basado en la palabra y la fe de las cuales fluyen la obediencia y el trabajo».
>
> Martín Lutero

Lo que creemos sobre el trabajo

El trabajo no fue un castigo fruto de la caída, más bien fue parte del diseño de Dios desde el principio, cuando TODO ERA BUENO, con el objetivo del florecimiento humano y la gloria del Omnipotente. No es un castigo. La dificultad al hacerlo es la consecuencia que tenemos. Aun en medio de esto, muchos contamos con el privilegio de escoger en qué trabajamos y disfrutar de lo que hacemos. Esa no es la realidad para la gran mayoría de la población. Incontables seres humanos trabajan en lo necesario para traer pan a sus mesas, techos sobre su cabeza y una pequeña esperanza de futuro para sus hijos. Esos trabajos no son menos dignos que una profesión de oficina. Es parte del regalo de Dios para la humanidad. No todos tenemos los mismos dones, pero disponemos de oportunidades diversas. Más allá de lo injustas que puedan ser las oportunidades, es innegable que somos privilegiados. Todo lo que hacemos de este lado de la eternidad, lo hacemos para Dios, debemos laborar con buena gana y con amor (1 Cor. 16:14-16; Col. 3:23). Eso nos libera para hacerlo y vivir con gozo.

Aspectos prácticos:

- Honra tu tiempo de trabajo. No es un derecho hacer actividades personales durante el horario pagado para trabajar. Aunque no estés conforme con tu salario, acordaste hacerlo por ese salario. Tu descontento no es excusa para no cumplir con tu responsabilidad. Ora para que Dios te ayude a recordar que, al final, debemos trabajar bajo Su supervisión. Si no estás contento y no vas a honrar tu trabajo, renuncia y busca otro. Aunque probablemente también encontrarás problemas allí, porque con frecuencia la dificultad radica en nuestro interior. Llega a tiempo. No le robes a tu empleador el tiempo por el que te paga.

- Recorre la milla extra. Que no te gobierne la ley del mínimo esfuerzo. La Biblia en múltiples ocasiones encomienda al esforzado.

Trabaja. Usa tus dones. Trabajar no es una opción. Puede ser que te encuentres sin empleo, pero eso no significa que debes sentarte a esperar que caiga del cielo. Sé humilde y trabaja en lo que Dios ponga delante de ti, aunque no paguen suficiente. Mientras buscas una mejor oportunidad no te niegues a trabajar solo porque no es lo que quieres o esperas. Esto podría ser un rechazo de la provisión de Dios.

- Recuerda que trabajar no es opcional. No seas haragán, pues esto no corresponde con los hijos de Dios (1 Tes. 1:3; 2:9; 2 Tes. 3:10-12): «Porque aun cuando estábamos con ustedes les ordenábamos esto: Si alguien no quiere trabajar, que tampoco coma. Porque oímos que algunos entre ustedes andan desordenadamente, sin trabajar, pero andan metiéndose en todo. A tales personas les ordenamos y exhortamos en el Señor Jesucristo, que trabajando tranquilamente, coman su propio pan». Para buscar nuevas oportunidades actualiza tu currículum y sé honesto. No exageres tus calificaciones. Un trabajo obtenido de manera deshonesta no honra a Dios. A la larga, solo te provocarás más frustración al enfrentar las demandas de hacer aquello para lo que no estás calificado.

- Aplica una y otra vez a oportunidades laborales aunque recibas negativas. Dios mira tu esfuerzo. Innumerables personas quieren trabajos que paguen mucho dinero por menos esfuerzo, pero no tienen la calificación para esto. Debes reconocer tu capacidad y tus competencias para realizar una función o tarea.

- Por otro lado, el trabajo no fue dado por Dios para ofrecernos estatus, sino propósito. Así que no importa qué actividad realices, hazla para la gloria de Dios. Ningún trabajo nos debe dar IDENTIDAD. Si has colocado tu identidad en la posición laboral que ocupas, arrepiéntete y ten tu ocupación en el lugar en que debe estar. Nuestra identidad no puede estar colocada en nada de este lado de la eternidad. El día que pierdas tu trabajo o no puedas hacerlo más, tu corazón y tu vida aún tendrán valor y significado.

- El trabajo es un medio no un fin en sí mismo. Por otro lado, rinde cuentas. Está siempre listo para que si alguien te pide cuentas de tu trabajo puedas responder por lo que te ha sido asignado.

- Los que no trabajan fuera de la casa, deben honrar su labor: cocinar, limpiar cuidar a tus hijos y hacer escuela en el hogar también son considerados trabajos delante de Dios. Hazlo por amor, aunque no haya demasiado reconocimiento de este lado de la eternidad. De igual manera enseña a tus hijos a trabajar. Un error de muchos padres latinos ha sido acomodar a sus hijos y evitar que aprendan tempranamente la importancia del trabajo. Esto ha creado una generación que no quiere madurar y hasta adultos dependen de sus padres, no solo financieramente, sino también en áreas de cuidado personal básicas. Esto no debe ser así. La Biblia llama a cada quien a la madurez. Eso implica que cada individuo debe ser responsable de su trabajo y su propia vida. Enseña a tus hijos ética laboral: de palabra y con el ejemplo.

Finalmente, ordena tu casa. El trabajo en el hogar es tan esencial como el realizado fuera de él. Tener un hogar y administrarlo es mucho trabajo, la crianza de los hijos es una ardua labor. Ordenar el espacio físico de tus actividades, tanto dentro como fuera de la casa, es vital para vivir en armonía. Un lugar de trabajo o una vivienda que está en desorden no refleja el carácter de Dios ni la forma constante en que Él restablece orden en el mundo. Con frecuencia estamos preocupados por lo que el gobierno hace o no, sin darnos cuenta de que nuestro pequeño lugar de gobierno, nuestro hogar, no está en orden. Esa es una contradicción.

Reflexiona:

1. Al concluir este capítulo, ¿qué perspectiva sobre el trabajo necesitas cambiar? Habla con Dios al respecto y pide Su ayuda.

2. Menciona tres cambios específicos que necesitas implementar en tu vida laboral.

   ____

   ____

   ____

3. Pide consejo a algún creyente que pueda ayudarte a realizar cambios en estas áreas y a hacer un plan.

4. Escribe en este espacio y memoriza Colosenses 3:23-24.

CAPÍTULO 10

El Dios de orden cuida

«También vieron cómo el SEÑOR su Dios los cuidó todo el tiempo que anduvieron por el desierto, igual que un padre cuida de sus hijos; y ahora los trajo hasta este lugar».

Deuteronomio 1:31 (NTV)

Parte del cuidado de Dios para ti es decirte que no. Como todo buen padre que conoce mejor lo que les conviene a sus hijos, quienes se entrenan para la vida (vida eterna en el caso de los creyentes), en innumerables oportunidades Dios nos dice que no. Él responde no a ese novio que querías, no a ese trabajo que buscabas para ganar más, no a esa casa que deseabas comprar. Dios, a diferencia de nuestros padres, conoce el futuro y tiene el poder de orquestarlo. Él es todopoderoso, omnisciente y soberano. Por tanto, Su voluntad no puede ser estorbada, ni siquiera por ti mismo. Los no de Dios provienen de Su bondad y Sus sí nacen igualmente en que Él es en esencia bueno. Esta es una realidad en la cual no pensamos ni meditamos con la profundidad y la frecuencia que deberíamos.

Mi sugerencia es que tomes un plan de tres meses e introduzcas un cambio en cada área cada semana o que durante un año incluyas un cambio cada mes. Algunos los podrás hacer este próximo sábado: haz un presupuesto. Cancela varias tarjetas de crédito. Ahorra un monto pequeño, aunque sean unas monedas cada día. Aun si tienes grandes deudas, créeme, puedes ahorrar un poquito.

Dios cuida de ti. Además, tienes Su Palabra para guiarte en la vida y revelar al Creador que te instruye cómo ordenarla. Con todo, el orden de tu existencia inicia con la piedra, la roca más importante, CRISTO. También Dios ha provisto la comunidad y los creyentes a tu alrededor. Ellos pueden ayudarte con sus dones a ordenar distintas áreas de tu vida. No diseñé la portada de este libro, pero capta justamente la premisa que deseo que quede en tu mente. Pon las piedras grandes primero, como fundamento de todo lo demás. Tu relación con Dios es lo primero.

Dios te diseñó a Su imagen. Eres portador de Su imagen. De cierta forma y con tus limitaciones puedes ser un ejemplo para los que te rodean de cómo es Dios. El Creador te diseñó para el orden, que es la idea de *shalom* en la Biblia. Este término, a pesar de ser traducido como paz al español, no representa la ausencia de conflicto, sino la plenitud que te permite enfrentarlo, una forma de vida donde los componentes funcionan.

El *shalom* de Dios es una plenitud que te faculta para pensar claro, en orden, establecer un plan de acción e impedir que el miedo te paralice. Una plenitud que te lleva a sentir los cambios en tu cuerpo e iniciar nuevos hábitos alimentarios, de descanso, de hidratación y ejercicio que permitirán que el templo del Espíritu Santo funcione correctamente. Con ese cuerpo, emociones, mente, espíritu, decisiones, dones y talento sirves a Dios.

La clave del autocuidado es el amor, pero no el tipo de amor propio que pone mis intereses por encima de los demás. Ese es el motor del verdadero autocuidado. Me cuido por amor a otros, para servirlos, cuidarlos, cumplir el propósito del mayor merecedor de nuestro amor y servicio: Dios mismo, para traerle gloria con mi vida bien vivida en este lado de la eternidad. La aplicación de muchas de estas enseñanzas que hemos presentado depende de nosotros. No obstante, Dios también promete Su gracia para que hagamos todo lo que Él nos ha encomendado. Deuteronomio 33:27 (NTV) señala: «El Dios eterno es tu refugio, y sus brazos eternos te sostienen...». Puedes ordenar tu vida y cuidar a otros porque Dios cuida de ti.

Reflexiona:

1. Al concluir este libro, ¿qué pensamientos finales te animan? Habla con Dios al respecto y pide Su ayuda para que Él cambie tu manera de pensar.

2. Toma un tiempo para orar y pide a Dios que te ayude a ser consistente en los cambios que has decidido hacer a través de la lectura de este libro. Agradece de antemano Su ayuda y Su misericordia con tu vida.

3. Reflexiona, y escribe en este espacio y memoriza Romanos 12:1-3.

Otras fuentes de consulta

American Phycological Association. «*How Stress Affects your Health*» [Cómo el estrés afecta tu salud]. (2013). Recuperado de https://www.apa.org/topics/stress/health

American Phycological Association. «*Stress Effects on the Body*» [Los efectos del estrés sobre el cuerpo]. (1 de noviembre de 2018). Recuperado de https://www.apa.org/topics/stress/body

Bjarnadottir, A. «*7 Nutrient Deficiencies that are Incredibly Common*» [Siete deficiencias nutricionales increíblemente comunes]. Healthline. (21 de mayo de 2019). Recuperado de https://www.healthline.com/nutrition/7-common-nutrient-deficiencies

Calvino, Juan. «*Institutes of Christian Religion*» [Instituciones de la fe cristiana]. (s.f.). Recuperado de https://www.ccel.org/ccel/calvin/institutes.iii.xvi.html

«*Common Core Principles to Support Self-care*» [Principios centrales comunes para el autocuidado]. Skills for Care. (2015). Recuperado de https://www.skillsforcare.org.uk/Documents/Topics/Self-care/Common-core-principles-to-support-self-care.pdf

Crosson Gilpin, C. «*How Often do you Talk to Yourself*» [Qué tan a menudo te hablas a ti mismo]. The New York Times. (13 de junio de 2017). Recuperado de https://www

.nytimes.com/2017/06/13/learning/how-often-do-you-talk-to-yourself.html

Cutrer, W. R. y Cutrer, R. M. «*A Call to a Wellness Lifestyle: Some Practical Suggestions*» [Un llamado al bienestar: algunas sugerencias prácticas]. *The Southern Baptist Journal of Theology*. (2009, vol. 13, No. 2, p. 58). Recuperado de https://sbts-wordpress-uploads.s3.amazonaws.com/equip/uploads/2015/10/SBJT-13.2-Summer-09.pdf

Instituto Nacional de Estadística de Guatemala. Canasta Básica Familiar y Canasta Ampliada. (2020). Recuperado de https://www.ine.gob.gt/sistema/uploads/2020/02/07/20200207180138FKDwxMZkfk1gTiHClmLsdYdyRgLYnGpu.pdf

International Federation of Red Cross and Red Crescent Societies. «*Nutrition Guidelines*» [Guías de nutrición]. (2013). Recuperado de https://www.ifrc.org/PageFiles/113913/1255500_Nutrition_Guidelines_EN-FINAL_LR.pdf

Maccoby, E. «*Parenting and its Effects on Children: On Reading and Misreading Behavior Genetics*» [La crianza y sus efectos en los niños: acerca de la lectura y la malinterpretación de la genética del comportamiento]. Annual Review of Psychology. (Febrero 2020). Recuperado de https://www.annualreviews.org/doi/full/10.1146/annurev.psych.51.1.1

Mayo Clinic. «*Anxiety Disorders*» [El trastorno de ansiedad]. (s.f.). Recuperado de https://www.mayoclinic.org/diseases-conditions/anxiety/diagnosis-treatment/drc-20350967

National Institute of Mental Health. «Recursos para compartir sobre la salud mental». (s.f.). Recuperado de https://

www.nimh.nih.gov/health/education-awareness/espanol/recursos-para-compartir-sobre-la-salud-mental-en-espa-ol.shtml#c-covid

National Library of Agriculture. «*Macronutrients*» [Macronutrientes]. (s.f.). Recuperado de https://www.nal.usda.gov/fnic/macronutrients

The Conversation. «*Is Talking to Yourself a Sign of Mental Illness? An Expert Delivers her Verdict*» [¿Es hablarte a ti mismo señal de enfermedad mental? Una experta da su veredicto]. (3 de mayo de 2017). Recuperado de https://theconversation.com/is-talking-to-yourself-a-sign-of-mental-illness-an-expert-delivers-her-verdict-77058